わからないと恥ずかしい

小中学校で習った日本史

火田博文

彩図社

はじめに

学校を卒業してからむしろ、勉強したくなる。

ふしぎな現象ではあるけれど、誰しも体験した感覚だろう。そうしてふと、また勉強してみようかと思ったとき、とくに気になるのが歴史、それも日本史ではなかろうか。

ところが、だ。いざ、もう一度勉強をと思って歴史の本を読んでみると、基本的なことをぜんぜん知らないことに気がつく。


徳川家康はどんな経緯で天下人になったのか。

応仁の乱はなぜ起きたのか。

どうして武士が政権を持つようになったのか。


よく考えてみたら、そんなことを意外に知らない。自分の国の歴史なのに、人物や出来事の名前をなんとなく覚えているだけなのだ。

守護や地頭ってなんだっけ。

豊臣秀吉って、どんなことをした人だったかな。

明治維新ってどうやって起きたんだろう。


これではやはり、日本人の大人としてちょっと恥ずかしいのではないだろうか。

とはいえ、きっちり学び直すのもなかなかたいへんだ。そこで本書では、**小中学校の教科書や、教科書を解説する参考書をヒントに、日本史の流れを簡潔にまとめた**。

小中学校といってもそこは教科書、内容はしっかりしており、理解しやすい。大事なポイントや歴史の流れもつかめる構成になっている。この教科書が、本書の土台となっている。

「ここさえ押さえておけば大丈夫！」という**大事な出来事を中心に、それはなぜ起きたのか、誰がどんなことを行ったのか、ひとつの「ストーリー」として理解しやすい内容となっている**。

単に用語を暗記していたあの頃とは違って、日本史を物語としてとらえ、もう一度、学び直してみてはどうだろうか。

火田博文

小中学校で
習った
日本史

もくじ

1章

縄文・弥生・古墳時代

日本のあけぼの。

太古の昔、大陸から日本列島にたどり着いた人々が我々の祖先となり、日本の歴史が始まった。

古墳時代までの重要トピックを早速見ていこう。

Question 1 / 100

約1万2000年前から作られ、食べ物の保存・煮炊きに使われていた道具とは？

【ヒント】

器の外側についた特徴的な文様が名称の由来になっている。

A

縄文土器《じょうもんどき》

縄のような文様が縄文土器の特徴。どんぐりなどの木の実を煮たり、保存するために使われた。

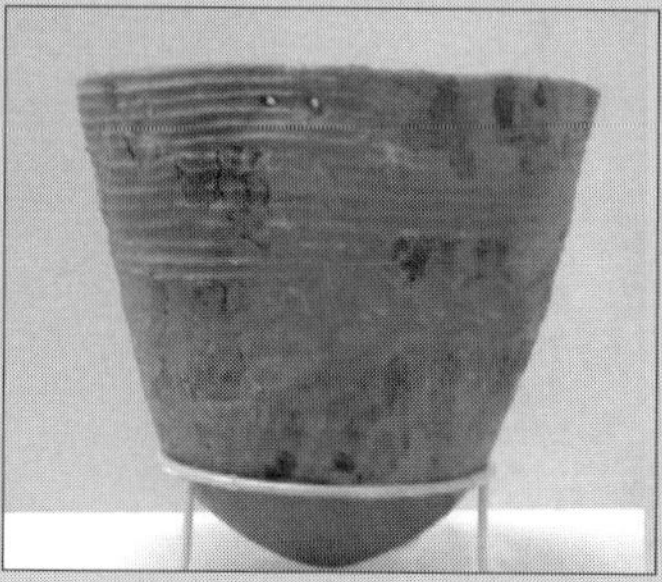

縄文土器

「日本史」がはじまるのは、およそ3〜4万年前のことだ。遠くアフリカで生まれた新人（ホモ・サピエンス）が、長い旅を経てとうとう日本にたどり着いたのだ。

ちょうどその頃は氷河期《ひょうがき》。大量の海水が氷河となっていたため地球の海面はいまよりも低く、日本列島は大陸と地続きだった。そこに**マンモスなどの大型動物や、そうした獲物を追って人類もやってきた**ようだ。

やがて1万年ほど前になると、氷河期が終わって海面は上昇する。大陸と切り離された日本列島で、私たちの祖先はおもに狩猟や採集によって暮らすようになった。石を打ち砕いてつくった打製石器《だせいせっき》を槍の先端につけて**イノシシやシカなどを狩り、どんぐりや栗などの木の実を採って、食料にしていた**。魚や貝類も豊富で、水辺では貝塚《かいづか》という貝殻の捨て場所もあった。

こうして得た**食べ物の保存や、調理に使うためにつくられたものが、土器**だ。それもこの時代の土器には、縄の目のような文様がよく見られるのだ。そのため縄《じょう》文土器《もんどき》と呼ばれるようになった。

Question
2
100

生活習慣の変化に伴い、縄文時代の人々が定住のために作った住居とは？

【ヒント】

青森県の三内丸山遺跡は
この建物で有名。

A

竪穴住居《たてあなじゅうきょ》

地面に数十センチメートルの穴を掘り、半地下の造りをした住居だった。穴を掘ることで建築の資材と労力を削減できたという考えもある。

三内丸山遺跡の竪穴住居（復元）
（出典：ColBase、文化庁所蔵）
https://colbase.nich.go.jp/

気候が温かく安定し、食料が得やすくなると、**人々は村をつくりはじめた**。地面を掘って柱を立て、木や草の屋根をつけた**竪穴住居**が並んでいたようだ。当時の遺構で代表的なものは三内丸山《さんないまるやま》遺跡（青森県）で、５５００年ほど前から定住がはじまり、最大で５５０人ほどが暮らしていたと考えられている。

この頃の祖先たちは、狩猟や採集は協力して行い、食料は共同で蓄えており、貧富の差はあまりなかったといわれる。**集団生活の中では、村の平和や繁栄を祈るための祭りが行われるようになる**。豊かな収穫を祈るために、女性の姿をかたどった**土偶**《どぐう》もつくられた。

死者は手足を折り曲げて埋葬したが、これは屈葬《くっそう》と呼ばれ、霊による災いを防ぐためだったとされる。

こうした暮らしが1万年前から紀元前3世紀頃まで続いていた。縄文土器を使っていた人々が生み出したことから、縄文文化と呼ぶ。この生活様式が息づいていた時代が、縄文時代だ。

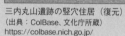

Question
3
100

紀元前4世紀頃に大陸から伝わり、人々の生活や社会のしくみを大きく変えた農業とは？

【ヒント】

収穫物は日本人の食卓に欠かせない!?

A

稲作

稲作により食料生産が増大することで富を巡る争いが増え、争いは人々の生活集団を大きくしていった。

収穫した米を保管する高床倉庫
（吉野ケ里遺跡、復元）

紀元前4世紀頃になると、日本人の暮らしは劇的に変わることになる。**稲作**だ。大陸から移り住んできた人々がもたらしたと考えられている。

大陸からは**青銅《せいどう》や鉄でできた金属器の製法も伝わってきた**。銅鐸《どうたく》や銅鏡《どうきょう》は祭りに欠かせない道具として、鉄器は木製のものを加工する道具や武器として使われた。

またこの頃、縄文土器よりも薄くて強度があり、扱いやすい土器がつくられるようになってくる。「**弥生土《やよいど》器《き》**」である。この新しい土器と、鉄器、そして稲作が広まっていった時代が、弥生時代だ。

稲作によって米が安定して収穫できるようになると、暮らしは豊かになり、まず人口が急増した。しかし一方で、**収穫した米をそれぞれが別個に蓄えることによって、家同士や村同士でも貧富の差が出てくる**。また、水田に必要な水や土地をめぐる争いも増えた。村同士での戦争が起こるようにもなる。有力な指導者のいる村は、周辺の村を支配して、さらに大きな集団となっていく。**国の誕生**だ。

Question 4 / 100

紀元前1世紀頃の日本に誕生した、女王・卑弥呼《ひみこ》が支配した「国」は？

【ヒント】

中国の歴史書にも登場するが、
その所在地をめぐって論争が続いている。

A

邪馬台国《やまたいこく》

所在地はいまだ不明だが、「畿内説《きないせつ》」と「九州説」の2つが有力視されている。

中国の歴史書『漢書《かんじょ》』の地理志によると、**紀元前1世紀頃の日本には100ほどの国が乱立していた**という。また『後漢書《ごかんじょ》』の東夷伝《とういでん》には、紀元57年に奴国《なのくに》（現在の福岡県）の王が後漢に使者を送り、返礼として金印を授かったという記述がある。この金印は、江戸時代に福岡県の志賀島《しかのしま》で発見された、「漢委奴国王」と刻まれたものだと考えられている。

こうした小さな国々は次第に大きな国へとまとまっていく。3世紀にやはり中国で書かれた『魏志《ぎし》』の倭《わ》人伝《じんでん》には、**倭《わ》（日本）には邪馬台国《やまたいこく》という大きな国があり、卑弥呼という女王が30ほどの国をまとめて支配している**ことなどが書かれている。卑弥呼は魏《ぎ》に使者を派遣して貢物《みつぎもの》を献上し、代わりに「親魏倭王《しんぎわおう》」という称号のほか、金印と銅鏡100枚を得たとされる。

Question
5
100

5世紀につくられた日本最大の古墳とは？

【ヒント】

大阪府にあり、
とある天皇の墓とも伝えられる。

A

大仙古墳《だいせんこふん》（伝仁徳天皇陵《にんとくてんのうりょう》）

大仙古墳は仁徳天皇の墓とされてきたが疑問も多く、「〝伝〟仁徳天皇陵」と記載されることも多い。

大仙古墳（©at/PIXTA）
周辺には他にも古墳があり、「百舌鳥《もず》古墳群」を形成している。

全長486メートル。大阪府にある大仙古墳（伝仁徳天皇陵）は、世界最大級の墓だ。**5世紀の中頃に造成されたもの**と考えられている。円形と方形が組み合わされた「前方後円墳《ぜんぽうこうえんふん》」で、周囲には人や動物などをかたどった埴輪《はにわ》が並べられ、遺体を安置した石室《せきしつ》には銅鏡《どうきょう》や玉、鉄製の武具などが納められていた。

この巨大墳墓の建設を手がけたのは**「大和《やまと》政権」**だ。近畿地方の豪族《ごうぞく》たちが、3世紀後半に大和地方（現在の奈良県）で大王を中心にまとまった連合体で、**5世紀後半には九州から関東地方までの範囲を支配していた**と考えられている。それを示すように、埼玉県の稲荷山古墳《いなりやまこふん》で発見された鉄剣《てっけん》と、熊本県の江田船山古墳《えたふなやまこふん》で発見された鉄刀には、どちらも大和政権の権力者「獲加多支鹵《わかたける》大王」の名が刻まれている。**こうした大王は、のちに「天皇」と呼ばれるようになる**。

これらの古墳がさかんにつくられた3世紀末から6世紀までの間が、古墳時代だ。

Question
6
100

古墳時代に朝鮮半島から日本に移り住んだ人々とは？

【ヒント】

海を渡ってやって来た人々で、
日本に多くの技術をもたらした。

A

渡来人《とらいじん》

朝鮮半島からやってきた渡来人によって、道具や技術だけでなく、文字や仏教など多くのものが輸入された。

渡来人によってもたらされた須恵器
（©663highland）

大和政権は**海外とも関わるようになっていった。**4世紀には朝鮮半島南部の伽耶《かや》（任那《にんな/みまな》）や百済《くだら》と同盟し、高句麗《こうくり》や新羅《しらぎ》と戦っている。また5世紀には中国の南朝に使節を送り、朝鮮半島において高い地位を与えるよう依頼している。

一方で**戦乱の多い朝鮮半島から、日本に移り住んでくる人々が増えた時代でもあった。**彼ら渡来人は、日本にさまざまな技術をもたらした。高温を出せる「のぼり窯《がま》」によって、既存の土器よりも丈夫な「須恵器《すえき》」を生産できるようになったほか、鉄器も製造できるようになり、農業効率が高まった。

また渡来人たちは土木工事や絹織物、そして漢字などの知識も伝え、朝廷でも大きな役割を担うようになる。財務や記録、大陸との外交など、さまざまな分野で重用された。

そして彼らが6世紀の半ばに伝えた**仏教の思想**は、その後の日本に大きな影響を与えることになる。

2章

飛鳥・奈良・平安時代

外国との関わりが増えるなかで
新たな制度が日本に生まれる。
同時に身分の差も明確になった。
日本史の中でも有名な人物が多い
この時代を振り返っていこう。

Question
7
100

役人の心構えを示した「十七条の憲法」をつくったのは誰？

【ヒント】

仏教を広め、天皇中心の国家を築こうとした政治家であり、皇族。

A 聖徳太子《しょうとくたいし》

「聖徳太子」は後世につけられた尊称で、本名は「厩戸皇子《うまやどのおうじ》」「厩戸王《うまやとおう》」だったといわれている。

伝・聖徳太子像
（「聖徳太子二王子像　御物模写」
出典：ColBase、奈良国立博物館所蔵）

6世紀は荒れた時代だった。各地の豪族による勢力争いが激しくなり、政権内でも蘇我《そが》氏や物部《もののべ》氏が派閥争いを繰り返していた。そんな時代に登場した政治家であり皇族が、聖徳太子（厩戸皇子）だった。

彼は伯母である推古《すいこ》天皇の政治をサポートする摂政《せっしょう》となり、蘇我馬子《そがのうまこ》と組んで**中国のような大王（天皇）中心の社会を理想とした**内政の改革に取り組んだ。

604年には、世襲ではなく能力で役人を登用すべく**「冠位十二階《かんいじゅうにかい》」**の制度を定めた。加えて同年、「十七条の憲法」を制定。「和をもって貴《とうと》しとなし、さからう（争う）ことなきを宗とせよ」からはじまる条文は、いわば役人が守るべき道徳を示したものだ。

聖徳太子の改革の基本にあったものが、**仏教の考え方**だ。彼は国内に仏教を広め、法隆寺《ほうりゅうじ》や四天王寺《してんのうじ》など、いまも現存する寺院を建立した。日本ではじめての仏教文化（飛鳥文化）が花開いたのだ。

また、聖徳太子は607年から中国・隋《ずい》にたびたび**遣隋使《けんずいし》を派遣**し、中国の優れた制度や文化を学ぼうとした。

Question
8
100

645年に起きた一大政変とは?

【ヒント】

とある元号の時代に起きた、
一連の政治改革のことをいう。

A

大化《たいか》の改新《かいしん》

「大化」とは645年に日本で初めて定められた元号のこと。これにちなんで「大化の改新」と呼ばれた。

中大兄皇子と中臣鎌足による蘇我入鹿暗殺の場面（乙巳の変）

聖徳太子の死後、権勢を振るったのは蘇我氏だった。天皇を差し置いて政権を握り、独裁を敷いたが、それは聖徳太子の目指した世の中ではなかった。

そこで**皇族の中大兄皇子《なかのおおえのおうじ》と、朝廷の役人である中臣《なかとみの》鎌足《かまたり》**が決起する。645年、ふたりは朝廷内で行われていた儀式の最中に**蘇我入鹿《そがのいるか》を暗殺**、蘇我氏を政権から排除した。いわば**独裁政権を転覆させるクーデター**だった（乙巳《いっし》の変と呼ばれる）。

そして中大兄皇子は、中国から帰った留学生や、仏教を学んだ僧侶たちとも力を合わせ、政治改革を進めていく。

まず、それまでは蘇我氏などの豪族が統治していた土地や人々は、**「公地《こうち》・公民《こうみん》」であるとし、国が直接管理することとした**。これには中央政府の影響力を地方にまで浸透させ、**税制を整える目的**があった。聖徳太子が考えた、天皇・朝廷を中心とする社会とするためにさまざまな制度改革を進めていくが、これらを「大化の改新」という。

Question
9
100

中大兄皇子の時代に起きた、唐《とう》・新羅《しらぎ》の連合軍との戦いとは？

【ヒント】

この戦いの後、中大兄皇子は
国防の強化に力を注いだ。

A 白村江《はくすきのえ》の戦い

百済《くだら》を助けるための出兵だったが大敗に終わり、防衛のため九州に大宰府《だざいふ》を設置した。

7世紀、日本は対外戦争にも踏み込んでいく。朝鮮半島の動乱に出兵したのだ。唐と新羅の連合軍によって滅ぼされた百済の復興を助けるために海を渡って軍を送るが、663年に白村江の戦いによって大敗してしまう。新羅はその後、高句麗《こうくり》も滅ぼして朝鮮半島を統一したが、**その勢いを警戒した中大兄皇子は日本防衛の拠点として大宰府を築き、西日本各地に山城を建設した**。

中大兄皇子は667年に都を大津宮《おおつのみや》（現在の滋賀県）に移すと、天智《てんじ》天皇として即位。日本初の全国的な戸籍制度もつくった。

天智天皇の跡継ぎを巡って壬申《じんしん》の乱という内戦も起きたが、これに勝った**天武《てんむ》天皇**は都を飛鳥《あすか》へと戻し、中央集権化をさらに推し進めていく。強力な力を持つ皇帝が国を治める、中国が理想だったと言われる。天武天皇の後継はその皇后だった持統《じとう》天皇で、やはり中国にならった計画都市、藤原京《ふじわらきょう》を造成した。

Question
10
100

唐（中国）を参考にして701年に定められた、国を統治するための法律とは？

【ヒント】

とある元号の時代に制定され、刑法と行政法の２本柱だった。

A

大宝律令《たいほうりつりょう》

「日本」という国号も大宝律令で定められ、唐など外国に対しても使われるようになった。

平城宮跡に復元された大極殿
（©Tamago Moffle）

中国にならった国家づくりは701年（大宝元年）に大きな節目を迎える。**大宝律令の完成**だ。これは**律**《りつ》（刑罰に対する決まり）と**令**《りょう》（政治や人が暮らす上での決まり）からなる、日本で初めての本格的な法律集だった。現代で言えば刑法と民法、それに行政法も兼ね備えたもので、**この法律をもとに統治される「律令国家」として、日本は歩き始めた**。

その中心となったのは現代の奈良県に置かれた**平城京**《へいじょうきょう》だ。唐の首都・長安《ちょうあん》（現代の西安《シーアン》）をモデルとして、碁盤の目のように整然と区画整理された計画都市で、710年（和銅3年）に建設された。

平城京北部の平城宮《へいじょうきゅう》には、天皇の住居である内裏《だいり》と政治の中枢を担う太政官《だじょうかん》のほか、徴税や外交、人事などを行う8つの省が置かれた。こうした役所では、皇族のほか、力のある豪族たちも位を与えられ働いていたが、**彼らは次第に「貴族」として特権的な階級となっていく**。

この平城京を都としていたおよそ80年間を、奈良時代と呼ぶ。

Question 11 / 100

中央の政権から見て関東・東北地方に住む人々は何と呼ばれた？

【ヒント】

語源の由来ははっきりしないが、
11〜12世紀になると同じ字を
「えぞ」とも読んだ。

A

蝦夷《えみし》

古代日本において、政権の支配下になかった東国の人々の呼称。たびたび朝廷と衝突した。

大宝律令によって、地方を統治する仕組みも整えられていった。全国は越後《えちご》、常陸《ひたち》、三河《みかわ》、備前《びぜん》、阿波《あわ》、薩摩《さつま》といったたくさんの国に分けられ、**平城京から派遣された国司《こくし》が政治を行った**。国はさらに郡《ぐん》や里《り》に区分されて、国司のもとに地方豪族が郡司《ぐんじ》や里長《りちょう》に任じられ、それぞれの地域を治めた。

こうした国々と平城京を結ぶ道路網も整備されていく。**各所には駅《えき》という宿泊施設が置かれ、馬による交通がさかんになった**。平城京には日本各地の産品が集まる市場もあり、そこでは和同開珎《わどうかいちん》などの貨幣が使われていた。また寺院や一般の家もたくさん並び、10万人の人々が暮らしていたと考えられている。

交通インフラも整備され、ますます中央集権化が進んでいったが、**東北地方はまだ朝廷の影響下になく、蝦夷《えみし》と呼ばれる人々が住む地域だった**。彼らを支配するための拠点として、現代の宮城県に多賀城《たがじょう》が築かれた。

Question
12
100

戸籍に登録された6歳以上の者に与えられる土地とは？

【ヒント】

「人数に応じて分け与え」られた「田」。

A 口分田《くぶんでん》

農地は国から与えられるものであり、死後に返還するという条件付きだった。「口分」とは、人数に応じて分け与えるという意味。

律令制度によってつくられた戸籍に、人々は「良民」「賤民《せんみん》（奴隷など）」に分けられて登録されるようになる。そして**6歳以上の者には、身分に応じて「口分田」という農地が与えられた**。死ぬと農地は国に返すのだが、この決まりを「班田収授法《はんでんしゅうじゅのほう》」といった。

人々の多くは農民として口分田で働き、収穫した稲の3%を「租《そ》」として国に納めた。さらに「庸《よう》（麻布）」や「調《ちょう》（塩や魚、海藻、鉄など各地の特産物）」を納める義務もあった。これら**「租・庸・調」は現代で言う税金**であり、このほかに土木工事や建設作業などの労《ろう》役《えき》の負担も課せられ、一般庶民の生活はなかなかに厳しかったようだ。兵役によって九州北部や対馬《つしま》などに送られ、「防人《さきもり》」という国境警備のような仕事に従事させられる人もいた。

また「奴婢《ぬひ》」という奴隷は、売買の対象でもあり、奴婢以外との結婚は禁じられた。貴族も奴婢も、その立場は世襲とされ、身分の固定が進んだ時代でもあった。

Question
13
100

７４３年に定められた、農地の私有を認める法律とは？

【ヒント】

自分で開墾した田は、一代限りではなく子孫にも相続可能で自分の財産にできるという法律だった。

墾《こん》田《でん》永《えい》年《ねん》私《し》財《ざい》法《ほう》

A

農民のモチベーションを上げるための法律だったが、うまく利用したのは貴族や寺社など特権階級だった。

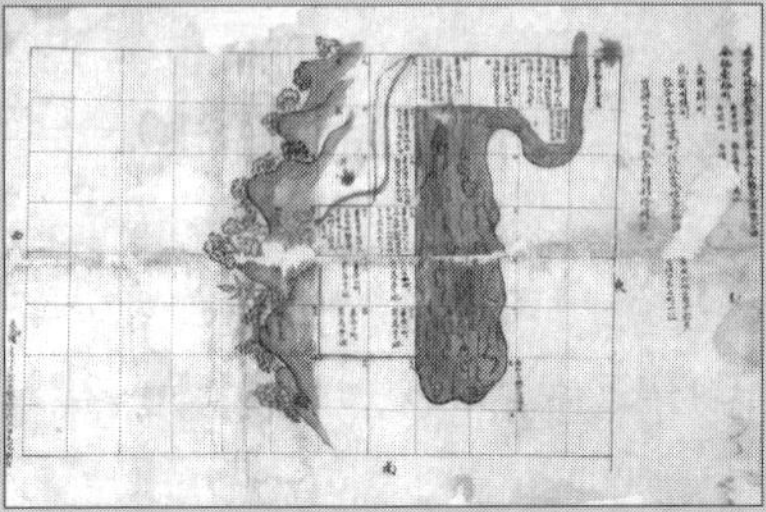

「東大寺開田図」（出典：ColBase、奈良国立博物館所蔵）
奈良時代に、越前国と越中国にあった東大寺領荘園の開発状況を描いた図。

口分田で働く人々は、税金の支払いに苦しみ自分たちの食べるものにも事欠いた。そんな人々に、国司が高い利息を取って種もみを貸し付ける「出挙《すいこ》」という制度もあるなど、一般層への搾取の一方で、貴族たちは税や労役、兵役が免除され、広大な土地を得ることができた。こうした境遇に耐えかねて、土地を捨て逃げ出す農民もいたという。

一方で人口は増えており、**やがて口分田が不足するようになる**。そこで朝廷は人々に農地の開発を促すために、７４３年（天平15年）に「墾田永年私財法」を定めた。**土地を新しく開墾すると自分のものになり、売買したり子孫に相続もできるというものだ**。

土地の私有を認める画期的な法律ではあったが、実際のところ**開墾するだけの力を持っていたのは貴族や寺社ばかりだった**。彼らは農民を使って開発を進め、また開墾地を買い取り、私有地を広げていった。こうした土地が「**荘園《しょうえん》**」と呼ばれるようになっていく。

奈良時代にたびたび中国に派遣された使節とは？

【ヒント】

当時の中国の国名は「唐」。

A 遣唐使《けんとうし》

東大寺《とうだいじ》の正倉院《しょうそういん》には、遣唐使が運んできた西アジアやインドの宝物《ほうもつ》がたくさん納められている。

平城宮跡歴史公園にて復元された遣唐使船（©Saigen Jiro）

奈良時代は大陸との交流がさかんに行われた。**巨大な強国となった中国・唐の先進技術や文化を学ぶべく、使節団を送った**のだ。**遣唐使**である。

推定で12～20回ほど海を渡った遣唐使は、大陸のさまざまな品を持ち帰ってくる。唐のものだけでなく、ペルシャ風の水差しやトルコ石を使った鏡など、遠く西アジアからシルクロードを経て運ばれてきた品々も含まれていた。**これらに刺激を受けた絵画や建築物、仏像などが平城京の貴族の間に流行していく**。天平《てんぴょう》文化だ。

一方でこの時代は、地震や飢饉《ききん》がたびたび起こり、天然痘《てんねんとう》が流行するなど、庶民は苦しい生活を送っていた。

そこで頼ったのが仏教だった。**聖武《しょうむ》天皇は全国に国分寺《こくぶんじ》と国分尼寺《こくぶんにじ》を建て、災厄を鎮めようとした**のだ。平城京には東大寺を建立《こんりゅう》し、その象徴でもある大仏が完成したときには、唐などさまざまな国から僧侶が訪れたという。仏の教えに国を守る力があると考えられた時代だが、こうして各地に寺院が建てられることで、**一般層にも仏教が浸透していく**ことになる。

奈良時代に編纂《へんさん》された日本最古の歴史書は？

【ヒント】

神話が多めのものと、
天皇家の話が多めのものの２種類がある。

A 『古事記《こじき》』『日本書紀《にほんしょき》』

『古事記』は全3巻で、『日本書紀』は全30巻からなる。どちらも神話＋天皇家の歴史をつづったものだが、割合で見ると『古事記』の方が神話に多く触れている。

奈良時代を支えた律令制度は、文書による命令や通知が基本となっていた。そのため、制度が整うにつれ、貴族や僧の間では**文字が普及し、広く使われるようになっていく**。そして、神話や言い伝えなどをもとに日本の成り立ちを記した**『古事記』『日本書紀』**がつくられた。このふたつは合わせて「記紀《きき》」とも呼ばれ、**日本最古の歴史書とされる**。日本各地には「記紀」に登場する神々を祀《まつ》る神社が数多く残されているほか、神楽《かぐら》などの伝統芸能や行事の中にも、神話に由来するものがたくさんある。

また、日本各地の風物や民話などをまとめた『風土《ふど》記《き》』がつくられたのもこの時代だ。

やがて文字の読み書きは上流階級のたしなみともなり、**和歌が人気となった**。大伴家持《おおとものやかもち》は『万葉集《まんようしゅう》』を編集したが、そこには柿本人麻呂《かきのもとのひとまろ》や山上憶良《やまのうえのおくら》といった有名な歌人や貴族だけでなく、国境警備にあたる防人《さきもり》や、農民たちが詠んだ歌も収録されている。

Question 16
100

７９４年、京都に開かれた新しい都とは？

【ヒント】

その後400年ほど続く時代の
呼び名ともなった都。

A

平《へい》安《あん》京《きょう》

平安京は1869年（明治2年）に東京に遷都されるまで、1000年以上にわたって日本の首都であり続けた。

現在の京都御所にある紫宸殿。平安宮内にある天皇の所在地「内裏」のうち、儀式などが行われる場だった。（©Saigen Jiro）

奈良時代は仏教が広く普及していった時代でもあるが、そのぶん**寺院の権力が高まり、とりわけ平城京では政治に大きな影響力を及ぼすまでになっていた**。僧たちと朝廷の貴族たちが、権力争いを繰り広げるようになったのだ。

この状況を問題視した桓武《かんむ》天皇は、784年（延暦3年）に平城京から山城国《やましろのくに》（京都府）の長岡京《ながおかきょう》に遷都する。さらに794年（延暦13年）、現在の京都市が広がる場所に平安京を造成し、こちらに都を移した。**首都を変えることで政治を一新しようと考えた**のだ。この平安京が政治の中心となった約400年間を、平安時代と呼ぶ。

桓武天皇は中央だけでなく地方の政治の引き締めも進めていく。不正の目立った国司に対する監査を厳しくし、役所の整理を行うなど、全国の行政改革に取り組んだ。

また一般層がとくに苦しんでいた兵役制度を取りやめた。これは8世紀末に唐が弱体化し、国外に向けて大きな防衛力を維持する必要がなくなったためでもあった。

894年に遣唐使の廃止を進言した学者は誰？

【ヒント】

全国の天満宮に祀られる
学問の神様として有名。

A

菅原道真《すがわらのみちざね》

ライバル・藤原氏の陰謀により左遷され失意のうちに世を去った。道真の死後は、宮中に不幸が相次ぎ、祟りと恐れられた。

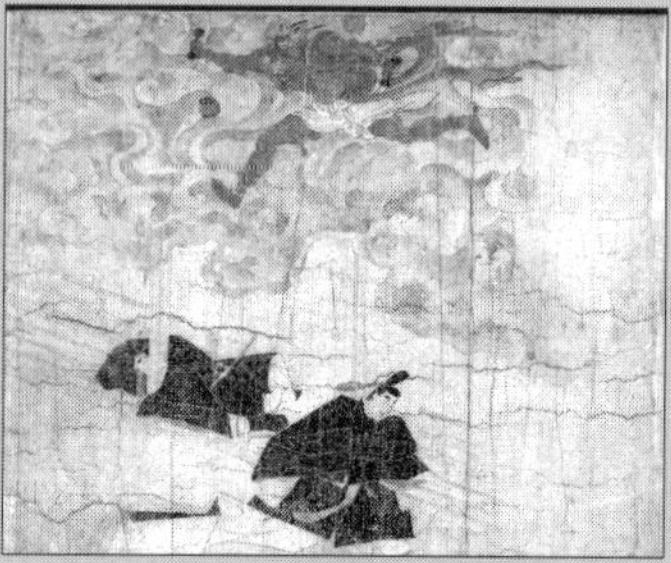

『北野天神縁起絵巻（甲巻）』（13世紀）。
宮中に現れた雷神（＝道真）を恐れる公家。
（出典：ColBase、東京国立博物館所蔵）

国外に対する防衛力を減らした一方で、国内に目を向けてみると、東北地方では蝦夷《えみし》と呼ばれていた人々が中央政府の支配下に入らず、抵抗を続けていた。そのためこの地域では兵役も残っていた。

そこで桓武天皇は797年（延暦16年）に坂上田村《さかのうえのたむら》麻呂《まろ》を東北征伐の司令官である**「征夷大将軍《せいいたいしょうぐん》」**に任命。武力によって制圧しようと、たびたび戦争を起こした。

9世紀になると、遣唐使に参加したふたりの僧が、仏教の新しい教えを持ち帰ってくる。最澄《さいちょう》は天台宗《てんだいしゅう》を、空海《くうかい》は真言宗《しんごんしゅう》をそれぞれ日本にもたらし、人々に信仰されるようになる。

しかし唐が衰退していくにつれて遣唐使の派遣も減っていく。貴族であり学者の菅原道真は894年（寛平6年）の遣唐使に選ばれたものの、**唐の混乱を理由に派遣の中止を求めた**。この進言により遣唐使は途絶え、やがて907年（延喜7年）の唐の滅亡をもって廃止となった。

Question
18
100

天皇と親族になることで地位を独占した、藤原氏による政治形態とは？

【ヒント】

天皇の補佐のうち、幼い頃は「摂政《せっしょう》」、成人すると「関白《かんぱく》」という役職になる。

A

摂関《せっかん》政治

藤原道長《ふじわらのみちなが》は自分の娘4人を天皇の后《きさき》にすることで、絶大な権力と財産を手にして、栄華を極めた。

藤原道長

平安時代になって世の中が安定してくる中で、**政治の実権を握ったのが貴族だった**。とくに藤原氏は9世紀半ばから「政略結婚」を巧みに使って、政権中枢に入り込んでいく。一族の娘を天皇と結婚させ、生まれた子どもを小さいうちから天皇として即位させるのだ。

そして藤原氏は、**まだ幼い天皇の補佐をするという名目で「摂政《せっしょう》」という役職に、天皇が成人してからは後見人として「関白《かんぱく》」という役職に就くようになる**。天皇の陰で政治の実権を握る、これが「摂関政治」だ。

藤原氏の権力が最も高まったのは11世紀だった。**藤原道長と、その子どもの頼通《よりみち》の時代、藤原氏が政権内の主要な役職を独占するようになる**。また、自分たちが任命権を持つ国司からの贈答や、自らが経営する荘園からの収入で、莫大な富を得た。

しかし地方の政治は乱れた。国司に大きな権限が与えられたため、汚職や圧政がはびこったのである。厳しい税に苦しみ、逃亡したり戸籍を偽造する人も続出し、班田収授法は次第に崩れていく。

Question
19
100

平安時代に誕生した、仮名遣いで記された文学作品とは？

【ヒント】

２人の女性作家による作品で、
今なお多くの人に愛されている。

A

『源氏物語《げんじものがたり》』『枕草子《まくらのそうし》』

清少納言は一条天皇の一人目の后・定子《ていし》に仕え、紫式部は二人目の后・彰子《しょうし》に仕える女房《にょうぼう》（秘書）だった。

源氏物語図扇面（空蝉）
（出典：ColBase、東京国立博物館所蔵）

平安時代はまた、豊かな生活を送る貴族たちによってさまざまな文学作品が生み出された時代でもあった。

その基本となったのは**仮名《かな》文字**だ。中国の漢字をもとに、ひらがなとカタカナが生み出されたのだ。仮名文字は漢字とは違い日本語の発音をあてたため、より気持ちを表現しやすかった。

そのため紀貫之《きのつらゆき》らがまとめた**『古今和歌集《こきんわかしゅう》』**や、**紫式部《むらさきしきぶ》の『源氏物語』、清少納言《せいしょうなごん》の『枕草子』**といった、いまも読み継がれる作品が次々に書かれていく。

ほかにも日本風の絵画や、寝殿造《しんでんづくり》に代表される建築様式など、**唐風《とうふう》をベースに日本独自のスタイルが発展していった**。国風《こくふう》文化と呼ばれている。その背景には唐の衰退もあるようだ。

また11世紀になると、阿弥陀如来《あみだにょらい》を崇《あが》めれば死後に苦痛のない極楽浄土《ごくらくじょうど》に生まれ変われるという**浄土信仰《じょうどしんこう》**が広がった。政治の乱れを反映した動きといわれる。阿弥陀如来を祀った院も各地につくられたが、そのひとつが10円玉にも描かれている平等院鳳凰堂《びょうどういんほうおうどう》だ。

Question 20 / 100

10世紀頃から軍事力によって台頭し、朝廷とも結びついて大きな勢力となった集団とは？

【ヒント】

「刀を腰に佩《は》き、主君のために戦う」というイメージが強いだろう。

A 武士

武士は一族でまとまり、また婚姻などによってほかの武士とも結びつき、次第に大きくなっていった。

9〜10世紀、班田収授法に基づいて「人」に課税するシステムが次第に機能しなくなっていく。そこで朝廷は、**貴族や地方の権力者が持つ荘園などの「土地」に課税をするようになった**。ところが、荘園の所有者は藤原氏などの上級貴族や、強い政治力を持つ寺社といった**「免税の特権を持つ層」に土地を寄進《きしん》**し、表向きの所有者になってもらうという対策をとった。この手によって、税を逃れる荘園が増加。自分たちも土地を所有しようという争いが各地で広がり、治安が乱れていく。

そのため、土地を自分たちで守ろうと、弓矢や刀、鎧《よろい》兜《かぶと》で武装する人々も出てくる。やがて戦うことを専業とする「兵士」が育っていく。

彼らは「武士」と呼ばれるようになったが、各地で次第に人数を増し、大きな勢力となっていった。その「軍事力」を見込まれて、**朝廷や貴族に仕えて警護にあたる武士も現れた**。こうして中央でも地方でも、「武士団」という、いわば武装勢力が群雄割拠《ぐんゆうかっきょ》する時代に入っていくのだ。

Question
21
100

10世紀に関東で武士団を率いて、朝廷に反乱を起こした武士とは?

【ヒント】

日本三大怨霊《おんりょう》の一人にも数えられる。

A 平将門《たいらのまさかど》

下総国《しもうさのくに》に拠点を置いた平将門は、常陸国《ひたちのくに》の国府を襲ったことから朝廷への反乱者となった。

月岡芳年
「芳年武者无類
相模次郎平将門」

「武士団」の中で二大巨頭となった存在が、「源」を姓とする「源氏」の一族と、「平」を姓とする「平氏」の一族だ。どちらも天皇の血を引く家系である。

彼らは各地で起こった朝廷に対する武装蜂起《ほうき》を、**より強い戦力によって圧倒することで政治力も強めていった**。

10世紀には関東で平将門が「新皇《しんのう》」を名乗り、武士団を率いて朝廷に対して反乱を起こしたが、同じ平氏がこれを鎮圧。さらに瀬戸内海では藤原純友《ふじわらのすみとも》がやはり朝廷に反旗を翻《ひるがえ》して挙兵したものの、源氏を中心とした軍団が抑え込んだ。

11世紀中頃には東北地方の武士の間で戦争が起こったが（前九年《ぜんくねん》・後三年《ごさんねん》の役《えき》）、これを源義家《みなもとのよしいえ》が制し、**源氏による東日本支配のきっかけとなった**。戦乱を治めることで、源氏と平氏は政治の中枢に入り込んでいく。また義家とともに後三年の役に勝利した奥州藤原《おうしゅうふじわら》氏は、平泉《ひらいずみ》（岩手県）を中心に支配地域を広げた。平泉の中尊《ちゅうそん》寺金色堂《じこんじきどう》は、奥州藤原氏が建立したものである。

Question
22
100

皇位を皇太子にゆずって、「上皇《じょうこう》」となった天皇が自ら政治を行う形態を何という?

【ヒント】

最初にこの政治を行ったのは白河《しらかわ》上皇だった。

A 院政《いんせい》

上皇が政治を行う場所が「院」と呼ばれたため。また、政治の実権を握った上皇は「治天《ちてん》の君」とも呼ばれた。

白河法皇像（成菩提院御影）

11世紀後半、朝廷を掌握してきた摂関政治が終わりを迎える。藤原氏と血縁関係が薄い、後三条《ごさんじょう》天皇が即位したのだ。皇室に嫁いだ藤原氏の娘に、男児が生まれなかったためだった。天皇との血縁をバックに摂政や関白の地位を独占してきた藤原氏に代わり、**天皇中心の政治が復活する**ことになる。

後三条天皇の後を継いだ白河《しらかわ》天皇はこの体制をより強化させていく。皇位をまだ幼い皇太子にゆずって、自分は「上皇《じょうこう》」となり、政治の実権を握った。**藤原氏を排除し、自分の子孫に着実に皇位と権力とを継承させていくためだった**。上皇は「院」とも呼ばれたので、これを「院政」という。

白河上皇やその次に上皇となった鳥羽《とば》上皇のもとには、全国からたくさんの荘園が寄進されるようになる。もちろん税の軽減など特権による保護を求めてのものだった。荘園の生み出す富が、院政の基盤となったのだ。

Question 23 / 100

保元《ほうげん》・平治《へいじ》の乱に勝利し、武士でありながら政権のトップにのぼり詰めた人物は？

【ヒント】

「祇園精舎《ぎおんしょうじゃ》の鐘の声　諸行無常《しょぎょうむじょう》の響きあり」の冒頭で知られる軍記物語は、この一族の栄華と滅亡を記したものである。

A

平清盛《たいらのきよもり》

清盛の義弟、平時忠《ときただ》が「平氏にあらずんば人にあらず」と言い放ったというほど、平家は権力を誇った。

平清盛

12世紀半ばになると、朝廷内での権力争いが内戦へと発展する。1156年（保元元年）には後白河《ごしらかわ》天皇が、源義朝《みなもとのよしとも》や平清盛たち武士の軍事力によって、対立していた崇徳《すとく》上皇を排除した。保元《ほうげん》の乱だ。

しかし1159年（平治元年）、今度は院政を敷いた後白河上皇の政権内でまたもや内紛となってしまう。**自らの立場に冷遇を感じた源義朝がクーデターを画策した**のだ。だが共闘していたはずの平清盛によって鎮圧される。

この平治《へいじ》の乱を治めた平清盛は、後白河政権の中で**武士として初めて最高官職である太政大臣《だじょうだいじん》に任命され**、絶大な権力を持つようになった。荘園の支配を進め、中国・宋《そう》との貿易でも莫大な利益を得て、**平氏一族はさまざまな官職について栄華を極めた**。清盛は娘を天皇に嫁がせて皇室とも結びつくことで朝廷を支配、ここに日本初の武士政権が誕生する。

Question
24
100

平氏を滅ぼし、1192年に征夷大将軍となって鎌倉幕府を開いた人物とは？

【ヒント】

平氏と並んで武家の二大勢力だった源氏の頭領であり、はじめて本格的な武士政権をつくった。

A

源頼朝《みなもとのよりとも》

鎌倉幕府成立の年は、1192年のほか、頼朝が全国に守護・地頭を設置した1185年など諸説ある。

伝源頼朝像。この肖像は、近年では別人説が有力となっている。

平氏による権力の独占は、貴族やほかの武士にとって納得できるものではなかった。権勢を振るう平清盛が、自らの後ろ盾だったはずの後白河法皇をも幽閉して院政をストップさせると、**源氏を主力とする武士がとうとう兵を挙げ、日本全国を巻き込む内戦となった**。反乱軍の中心となったのは、平治の乱で敗戦し、伊豆《いず》に流刑《るけい》となっていた**源頼朝**だった。

鎌倉を拠点にした頼朝は、木曽《きそ》（長野県）の源義仲《よしなか》たちと組んで東日本を制圧。西へ敗走していく平氏軍を頼朝の弟・源義経《よしつね》の軍が追いつめ、1185年（元暦2年）、ついに**壇ノ浦《だんのうら》（山口県）で壊滅させた**（治承《じしょう》・寿永《じゅえい》の乱）。なお清盛は騒乱のさなか、病のため命を落としている。ここに平氏政権は消滅した。

一方、平氏を追い落とした源氏のほうでも対立が起きた。義経が戦争での働きを認められ、後白河法皇から官位を受けたことがきっかけだった。朝廷と距離を置いた武士政権を模索していた頼朝にとって、義経の行為は許しがたく、自らの弟を討伐することになる。

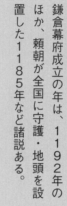

3章

鎌倉時代

武士による政権が誕生した鎌倉時代。
しかし、一口に武士と言っても
一枚岩ではなく、外国の侵攻もあり
激動の時代への入り口だった。

将軍と武士の主従関係を基盤にした、鎌倉幕府の特徴的なしくみとは？

【ヒント】

将軍が家来に対して与えるものと
家来が将軍に対して行うものという関係。

A 御恩《ごおん》と奉公《ほうこう》

将軍は御家人に土地や地位を与え、御家人は警備や出兵といった行為で報いる「御恩と奉公」の関係が築かれた。

逃亡した義経の追撃という名目で、**頼朝は1185年（文治元年）に、全国に新しく役所を設置することを朝廷に認めさせた**。警察・軍の役割を持つ「守護《しゅご》」と、荘園や納税の管理をする「地頭《じとう》」だ。この役職に部下を配して、政権を盤石なものにする……それが頼朝の戦略だった。

そして**1192年（建久3年）に、頼朝は朝廷から征夷大将軍に任命され、鎌倉幕府がはじまる**。その支配体制は**将軍と武士の主従関係がベース**となっていた。将軍に忠誠を誓う武士たちは**「御家人《ごけにん》」**と呼ばれ、領地の支配や、守護・地頭に任命されるなどの利権を得た。この**「御恩《ごおん》」**の代わりに、御家人たちは鎌倉や都で警備を担当したり、戦争に出兵する**「奉公《ほうこう》」**という責務があった。「御恩」と「奉公」が、鎌倉幕府を支えたのだ。

源頼朝の死後、鎌倉幕府の中心となったのは**北条家《ほうじょうけ》**だった。頼朝の妻・北条政子《まさこ》とその父・時政《ときまさ》が将軍家の縁戚《えんせき》として、**将軍を補佐するポジションである「執権《しっけん》」**についた。以降、北条家の世襲による執権が政治の実質的な権限を握るようになっていく。「執権政治」だ。

1232年に北条泰時《やすとき》が定めた、武士に関する法律とは？

【ヒント】

「貞永式目《じょうえいしきもく》」ともいう。

A 御成敗式目《ごせいばいしきもく》

御成敗式目には、武士の心構えのほか、各地に置かれた守護の職務や、土地の所有権などについても定められていた。

統治の主導権をすっかり武家の幕府に奪われた京の朝廷は、1221年（承久3年）に動く。院政を敷いていた**後鳥羽《ごとば》上皇が西日本の武士とともに挙兵し、幕府軍との武力衝突に発展した**のだ。「承久《じょうきゅう》の乱」である。しかし幕府の軍事力の前に朝廷軍は敗走。後鳥羽上皇は隠岐《おき》（島根県）に島流しの刑となる。

幕府はこの内乱を利用して、支配地域をさらに広げていく。**反乱に加担した朝廷側の武士の領地を没収**して、幕府側で参戦した武士に与えたのだ。さらに京都には、「六波羅探題《ろくはらたんだい》」という**朝廷や西日本の武士の動向を監視する機関**が設置された。

そして1232年（貞永元年）に、3代執権の北条泰時《やすとき》が「御成敗式目」を定めた。これは幕府の支配下にある武士、つまり御家人が守るべき慣習をまとめた法律集だ。**朝廷の「律令」ではなく、この新しい法律によって幕府の統治は進められていく**ことになる。

Question 27 / 100

鎌倉時代に新たに生まれ庶民に支持された、法然《ほうねん》を開祖とする宗教は？

【ヒント】

法然は阿弥陀仏《あみだぶつ》にすがることで、
極楽浄土に行けると考えた。

A

浄土宗《じょうどしゅう》

「南無阿弥陀仏《なむあみだぶつ》」という念仏を唱えるだけで救われるという浄土宗は、その手軽さから庶民に受け入れられた。

法然

武家政権である鎌倉幕府の支配下では、いまにも伝わる武士の精神性が養われていった。常に心身を鍛え、主君に殉じ、名誉を重んじる気風は鎌倉時代を通してつくられたものだ。

その心構えの拠り所として、**仏教**が大切にされた。とくに座禅によって強い心を養う禅宗《ぜんしゅう》は、武士たちに受け入れられていった。

また、庶民の間では、**ひたすら「南無阿弥陀仏」という念仏を唱えれば救われると説く法然《ほうねん》の浄土宗《じょうどしゅう》**や、法然の弟子である親鸞《しんらん》の浄土真宗《じょうどしんしゅう》、「南無《なむ》妙法蓮華経《みょうほうれんげきょう》」という題目を唱えれば救われると説く日蓮《にちれん》の日蓮宗などが広まる。この時代は戦乱だけでなく自然災害や飢饉もたびたび起きたため、仏の教えにすがりたい人々が多かったようだ。

源氏と平氏の争いの中で焼失した奈良の東大寺は再建されたが、その際に仏師《ぶっし》の運慶《うんけい》・快慶《かいけい》が金剛力士像《こんごうりきしぞう》を制作。また鎌倉にも大きな仏像が建立されるなど、鎌倉時代は仏教文化も花開いた。

Question
28
100

１２７４年と１２８１年、２度にわたり日本に侵攻してきた元《げん》の皇帝とは？

【ヒント】

元の皇帝は代々「ハン」を名乗った。

A フビライ・ハン

元は3度目の日本侵攻も計画していたが、中国南部やベトナムでの反抗が激しくなったこともあり断念している。

フビライ・ハン

13世紀、世界史を揺るがす人物がモンゴル高原に生まれる。**チンギス・ハン**だ。彼は遊牧生活を送っていた人々をまとめあげると、軍事力によって周辺諸国を次々と併合していき、中央アジアも征服。**ユーラシア大陸の東西にまたがる巨大なモンゴル帝国を築き上げた**。

孫のフビライ・ハンの代になると、帝国の首都を大《だい》都《と》（現在の北京）に移転。国の名前を「元《げん》」と変えて、中国をも支配していく。**異民族が中国を制圧し統治した、初の出来事でもあった**。

一方でモンゴル帝国は広大な支配地域のインフラ整備を進めたため、ユーラシアの各地で交易が活発化する。中国が発明した火薬や木版といった最新技術がヨーロッパにも広まり、多くの宣教師や商人も往来した。『東方見聞録《とうほうけんぶんろく》』を著したイタリア人商人マルコ・ポーロも、この時代に元を旅している。

フビライの矛先はいよいよ極東にも向けられる。まず高麗《こうらい》が侵略されると、フビライは次に、日本に対して服従を求める使者を送ってきたのだった。

Question
29
100

２度の元寇《げんこう》に対応した鎌倉幕府の８代執権は？

【ヒント】

５代執権・時頼《ときより》の息子として生まれ、18歳の若さで執権に就任。モンゴルを撃退しわずか34歳で亡くなっている。

A

北条時宗《ほうじょうときむね》

鎌倉幕府の8代執権。元寇の戦後処理がうまくいかず、幕府衰退の遠因となった。

「北条時宗書状」。弘安の役までの間、時宗は幾度も「異賊降伏の祈祷」を行わせた。
（出典：ColBase、九州国立博物館所蔵）

フビライは日本に使者を送ったが、執権の北条時宗はこれを拒否したため、戦争となる。1274年（文永11年）のことだった。占領下の高麗軍も伴い、日本海を渡って進撃してきた元の大軍は九州北部に上陸。**当時の最新鋭兵器である火薬弾などの攻撃に幕府軍は苦戦を強いられるものの、暴風雨が発生し元軍は撤退**していく。

1281年（弘安4年）、元軍は再び侵攻してくる。しかしこのときは幕府があらかじめ築いておいた防塁《ぼうるい》や御家人たちの防戦のために上陸できず、そこをまたも暴風雨が襲い、元軍は壊滅。2度にわたるモンゴル襲来（元寇《げんこう》）を、日本はどうにか撃退した。

しかし戦後処理では揉めた。**奮戦した御家人たちに満足な恩賞がなかった**のだ。従来、「奉公」に対しては土地という「御恩」が与えられるものだった。しかし元寇は対外の、それも防衛戦争だ。収奪した土地はない。しかし、北条氏だけは富や権力を独占しているのだ。そんな現状に対し、**御家人たちの反感は次第に高まっていく**。

4章

南北朝・室町・戦国時代

幕府と朝廷、将軍と大名の争いから
日本中を巻き込む戦国時代に入る。
社会のしくみや戦争の手法も大きく
変わり、戦国三英傑《えいけつ》の生まれた時代を
見ていこう。

Question
30
100

一度は敗北しながらも１３３３年に再び挙兵し、鎌倉幕府を滅ぼした人物とは？

【ヒント】

楠木正成《くすのきまさしげ》ら武士を率いて挙兵し、「建武の新政」を行った天皇である。

A

後《ご》醍《だい》醐《ご》天皇

身分に関わらない人材登用の一方で、京都の二条《にじょう》河原《がわら》に政権批判の落《らく》書《しょ》を掲げられたことでも知られる。

後醍醐天皇

歴代天皇の中でもとりわけ行動的で不屈といわれる存在が、後醍醐天皇だ。

まず**政権の座を武士から再び朝廷に取り戻すためにクーデターを画策**。だが失敗し捕らえられ、隠岐《おき》へ島流しとなってしまう。しかし諦めることなく1333年（元弘《げんこう》3年）に再び決起すると、モンゴル軍との戦争以降、**幕府に不信感を持っていた御家人たちをまとめ上げ、討幕軍を組織する**。その中心となった御家人・足利尊氏《あしかがたかうじ》や、楠木正成《くすのきまさしげ》たち新興武士の活躍もあり、一気に鎌倉を制圧した。北条家の大半が戦死を遂げ、ここに鎌倉幕府は壊滅する。

さっそく後醍醐天皇は皇室・朝廷の復権を掲げてさまざまな政策をはじめたが（建武《けんむ》の新政《しんせい》）、当然ながら**貴族優先の内容で、今度は武士たちと朝廷の対立が深まっていく**。そして今度は足利尊氏が武士を率いて挙兵、後醍醐軍と衝突することになる。

Question
31
100

奈良の後醍醐天皇と、京都の足利氏が擁立した天皇が同時に存在し争った時代を何という？

【ヒント】

北（京都）の天皇と南（奈良）の天皇がそれぞれ朝廷を立てた時代である。

A

南北朝時代《なんぼくちょう》

後醍醐天皇が没すると南朝の勢力はやや衰えたが、北朝で内紛があったため、混乱は60年にも及んだ。

後醍醐天皇との戦いに勝った足利尊氏は、京都に新しく天皇を擁立する。だが後醍醐天皇は、吉野《よしの》（現在の奈良県）に敗走しながらも自らの皇統の正しさを主張した。つまり**ふたりの天皇が同時に存在することになったのだ**。

京都側を「北朝」、吉野側を「南朝」と呼び、それぞれに与する勢力の争いがおよそ60年ほど続いた。内戦ばかりのこの時期が「南北朝時代」だ。

南北朝の混乱の中で、地方では守護に大きな権限が与えられる。**警察・軍の役割だけでなく、徴税が認められたのだ**。経済力を持つようになった守護は武士たちも従え、**「守護大名《しゅごだいみょう》」**として各地域で成長していく。

中央では尊氏の孫・足利義満《よしみつ》が、１３９２年（明徳3年）に南北朝を統一して幕府に権限を集中させた。その拠点は京都・室町《むろまち》に置かれていたため、足利政権は室町幕府と呼ばれる。北朝も含め、京都に幕府があった時代を、室町時代という。

Question
32
100

室町時代に中国や朝鮮半島の沿岸で活動した日本の海賊は？

【ヒント】

当時の日本人は
「倭人《わじん》」と呼ばれていたようだ。

A

倭寇《わこう》

14～15世紀初頭にかけて活動したものを前期倭寇、16世紀後半に中国南洋付近で活動したものを後期倭寇と区別する。

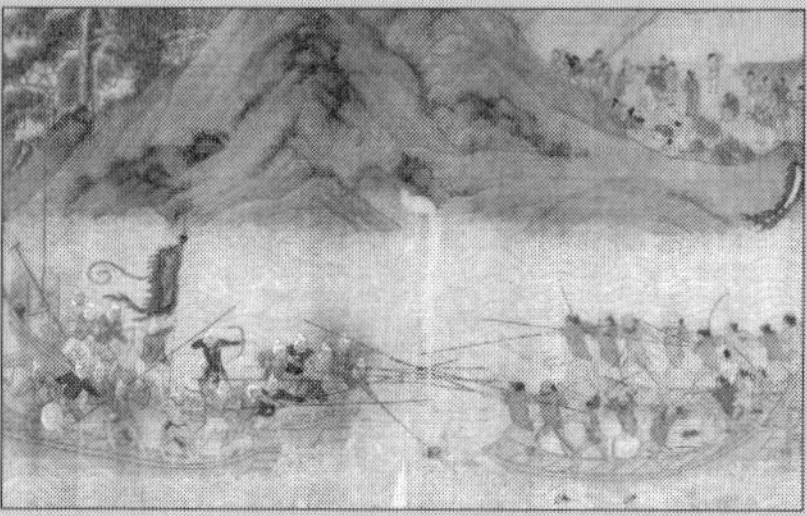

「倭寇図巻」（出典：東京大学史料編纂所）

日本に侵攻した元《げん》だが、国内では皇帝の座を巡る権力争いが絶えなかった。にもかかわらず宮廷では貴族たちが豪華な生活を送り、経済は混乱。一般庶民の生活は厳しくなるばかりで、各地で暴動が相次ぐ。

やがて**紅巾《こうきん》の乱**という全国的な内紛へと発展すると、**漢民族の朱元璋《しゅげんしょう》が軍を挙げて大都を制圧**。モンゴル人による中国支配は終わった。

朱元璋は１３６８年に**明《みん》**という国を建てたが、元の衰退期から政権交代にかけての混乱の中で問題となっていたのが、日本の海賊だった。**「倭寇」**と呼ばれている。**西日本の武士や商人たちが徒党を組み、おもに九州北部に拠点を築いて、中国や朝鮮半島の太平洋沿岸で略奪や密貿易を行っていた**が、明の新政権はこの取り締まりを要請してきた。その求めに応じたのが、日本の室町幕府だった。

Question
33
100

中国や朝鮮と貿易を進め、国際的に「日本国王」と呼ばれた室町幕府の3代将軍とは？

【ヒント】

京都に金閣を建立した人物。

A

足利義満《あしかがよしみつ》

義満は明との貿易によって莫大な富を得たが、その資金をもとに金閣を建設した。

足利義満

明の要請に応じて倭寇を禁止した室町幕府の3代将軍・義満は、明から「日本国王」と認められると、正規ルートでの両国の交易を活発化させていく。**明から送られた「勘合《かんごう》」という証明書を持った船で商取引を行った**ことから、「勘合貿易」と呼ばれている。

貿易はあくまで、「日本から明の皇帝へ貢物を送る」「それに対して明から日本への下賜《かし》の品をいただく」という**〝朝貢《ちょうこう》〟の形**を取ってはいて、そのため明の権威に下ったという国内の批判もあったのだが、**日本は多大な利益と文化的な財産を得た**。

一方、朝鮮半島では、14世紀末にクーデターによって高麗《こうらい》から政権を奪った李成桂《りせいけい》が、国号を「朝鮮」と定めた。ハングル文字が発明されたのもこの時代だ。**義満は朝鮮の新政権とも貿易を行った**。

さらに15世紀頃には、現在の沖縄にあった琉球王国や、蝦夷地《えぞち》と呼ばれた北海道に住むアイヌの人々との交易も進んだ。東アジア全体で国や民族を越えた経済活動が広がっていったのだ。

Question

34

100

1467年に室町幕府の8代将軍・足利義政《よしまさ》の後継者を巡って起きた戦乱は？

【ヒント】

11年にも及んだこの戦乱によって
京都は焼野原となった。

A

応仁《おうにん》の乱

この時代は内戦に加えて、武士や農民が一揆を起こして守護を追い出し、自治を行うなど、各地で混乱が続いた。

応仁の乱を描いた「真如堂縁起絵巻」

15世紀半ば、日本史上でもきわめて大きな内戦が勃発する。「応仁の乱」だ。そのきっかけは室町幕府の8代将軍・足利義政《よしまさ》の**跡継ぎ選び**だった。義政の息子の義尚《よしひさ》か、あるいは弟の義視《よしみ》か。どちらに将軍の座をゆずるかで揉めたのだが、**問題はそれぞれのバックに有力な守護大名がついたことだ**。義尚側は山名宗全《やまなそうぜん》が、義視側は細川勝元《ほそかわかつもと》がそれぞれ支援し、将軍の権力を巡って対立。**さらに幕府内での要職を巡る後継争いも絡んでいく**。貴族や武家といった上流階級の、身内の中の利権争いが発端なのである。

各地の守護大名もこの対立に加わり、やがて山名氏の西軍と、細川氏の東軍に二分されていく。そして1467年（応仁元年）、ついに両派は京都で武力衝突に至る。**戦闘はすぐ全国に波及し、国を割る内戦へと突入した**。

戦争は「張本人」である山名宗全と細川勝元が病死しても終わらず、11年にわたって続き、京都は壊滅。日本中を荒廃させた。

Question
35
100

戦乱の時代に、実力で上の身分の者を倒して地位を奪った社会の風潮とは？

【ヒント】

下の身分の者が、上の身分の者を倒す行為は日本各地に広がった。

A

下剋上《げこくじょう》

戦乱の時代、身分は実力で勝ち取るものとなっていき、領地は力で拡大するものとなった。

応仁の乱は明確な勝者もないまま収束するが、結果として**幕府の支配地域は京都周辺だけに激減し、全国への影響力を失った**。

そして地方では戦乱を勝ち抜いた守護大名が権力を増していく。地域の武士をまとめて軍事力を高め、律令や御成敗式目といった法律とは別に、分国法《ぶんこくほう》を定めて統治の基準とした。こうして**独自の法と軍隊を持った勢力が、日本各地に現れた**のだ。

この混乱の中では、家臣が主君を討ってその地位を奪うことも相次いだ。実力をつけて身分の上の者を倒す「**下剋上**」が広がる世の中で、家来から大名へとのし上がったものも多い。

やがて日本各地に有力な大名が乱立し、**それぞれがまるで独立国家のように領土を治めるようになる**。彼ら「**戦国大名**」は、支配地域の拡大を狙って近隣と紛争を繰り返していく。戦国時代のはじまりである。

Question
36
100

1543年に種子島《たねがしま》に伝来し、戦争の形を変えた武器とは？

【ヒント】

高火力で遠方からも攻撃できる武器は
戦国の世で大いに受け入れられた。

A 鉄砲（火縄銃《ひなわじゅう》）

遠距離射撃が可能な鉄砲が加わることで、それまでの弓や刀のみの戦いから戦略が大きく変わっていった。

火縄銃

15世紀末にヨーロッパで始まった大航海時代の波は、東アジアにも届いていた。中国や東南アジア、琉球の間でもさかんに海上貿易が行われるようになっており、その中にはポルトガル人やスペイン人の姿もあった。

そんな商船の一隻が、種子島《たねがしま》（鹿児島県）に漂着したのは1543年（天文12年）のこと。**中国の船だったがポルトガル人たちも同乗しており、彼らは鉄砲（火縄銃）を持っていた**のだ。

その破壊力に驚嘆した日本人は、鉄砲の製造方法や火薬の調合を学ぶ。堺《さかい》（大阪）や国友《くにとも》（滋賀）など、各地で刀鍛冶《かたなかじ》職人たちが生産を手がけるようになっていった。

すると戦国時代という乱世だったこともあり、**鉄砲はあっという間に全国各地へと普及**。この新兵器をいち早く自軍に取り入れていった大名たちによって、**戦争の姿は大きく変わっていく**ことになる。鉄砲を活かした戦略が次々に生み出され、また鉄砲の攻撃を防ぐために築城の技術も進歩した。

Question
37
100

1549年に日本を訪れ、キリスト教を布教したイエズス会の宣教師とは？

【ヒント】

両手を胸の前でクロスした肖像画が有名。

A フランシスコ・ザビエル

ザビエル来日から半世紀が過ぎた17世紀初頭には、日本人のキリスト教徒は30万人を超えるまでに増えた。

フランシスコ・ザビエル

兵器に続いて宗教も伝来する。1549年（天文18年）、**イエズス会の宣教師フランシスコ・ザビエルが布教のために鹿児島に上陸**。2年ほど日本に滞在し、各地にキリスト教を広めた。宣教師たちは貧しい庶民のために病院や孤児院、学校なども建てたため、キリシタン（キリスト教の信者）となる日本人が九州を中心に急増した。

また戦国大名の中には、**ヨーロッパとの交易を目的にキリスト教徒になる者も出てくる**。そんなキリシタン大名のひとりが大村純忠《おおむらすみただ》だ。大名として日本で初めて洗礼を受けた純忠は、長崎港をポルトガル船に対して開放し、**長崎はヨーロッパとの窓口として栄えていく**。

国際貿易港として賑わいを見せるようになった長崎には、日本人からは「南蛮人《なんばんじん》」と呼ばれていたポルトガル人やスペイン人が来航し、中国の産品のほか鉄砲やガラス製品や時計などを輸入してきた。日本側の主要輸出商品は銀だった。この南蛮貿易によって、日本には**ヨーロッパの医学や天文学、航海術などももたらされる**ことになる。

Question
38
100

「天下布武《てんかふぶ》」を掲げて全国統一を目指した尾張《おわり》の武将は？

【ヒント】

「尾張の大うつけ」「第六天魔王」などさまざまな異名を持つ。

A

織田信長《おだのぶなが》

尾張の一大名だった信長は瞬く間に勢力を拡大し、天下統一の目前まで迫った。

織田信長（出典：東京大学史料編纂所）

日本全国にたくさんの「独立政権」が乱立し、武力衝突を繰り返した戦国時代。各国を支配する戦国大名たちが日本統一を目指して争う、まさに乱世だった。そこに台頭したのは**尾張《おわり》（愛知県）の織田信長**だ。

信長は隣国、駿河《するが》（静岡県）の今川義元《いまがわよしもと》を桶狭間《おけはざま》の戦いで撃破すると、美濃《みの》（岐阜県）も制圧。この頃から公式文書に押す印章に「天下布武」という言葉を入れるようになった信長は、次に**幕府に接近**した。足利氏の室町幕府はもはや全国を統治する力を失っていたが、それでも**将軍家という権威**はまだ残っている。そこが信長の狙いだった。

信長は13代将軍・足利義輝《よしてる》の弟、義昭《よしあき》とともに京都に入る。そして義昭を15代将軍に擁立すると、**その威光を後ろ盾に東海地方だけでなく近畿でも支配地域を拡大していく**。その後、義昭と信長は対立し、双方とも出兵して軍事衝突へ発展。結果、義昭は京都を追放され、足利将軍家は政権の座を失った。**室町幕府の滅亡**である。1573年（天正《てんしょう》元年）のことだった。

Question
39
100

税を免除して、自由な商業の発展を促した織田信長の政策とは？

【ヒント】

「自由な」という意味の漢字一文字が使われている。

A

楽市《らくいち》・楽座《らくざ》

「楽」＝「自由な」。一方で信長は、支配下に入ろうとしない比叡山延暦寺《ひえいざんえんりゃくじ》や石山本願寺《いしやまほんがんじ》など仏教勢力に対しては、徹底的な弾圧を行っている。

信長は新兵器である鉄砲を戦術に取り入れ、1575年（天正3年）に長篠《ながしの》の戦いで甲斐《かい》（山梨県）の武田《たけだ》勝頼《かつより》を撃破。安土《あづち》（滋賀県）に巨大な城を建設すると、経済政策にも力を入れ始める。

街道の要衝に置かれていた**関所《せきしょ》を廃止して往来を自由化**し、道路インフラを整備することで**商品流通を活発化させた**。さらに市場での税を免除し、**誰でも自由に売買ができることを定めた「楽市・楽座」の政策**によって、商工業は発展していった。

信長は自らの拠点として壮大な城を築いた安土でも、商人たちの税や労役を免除し、自由な商いを認めて、地域経済を活性化させた。

こうして近畿から中部地方まで統一した信長だったが、最後は部下に討たれた。1582年（天正10年）、**重臣の明智光秀《あけちみつひで》が反乱を起こし、本能寺《ほんのうじ》（京都府）で自害したと言われる**。光秀が謀反《むほん》した理由はいまでもはっきりせず、日本史の中でも大きな謎のひとつとなっている。

Question

40

100

織田信長の後継者として全国統一を成し遂げ、やがて「太閤《たいこう》」と呼ばれた武将は？

【ヒント】

主君であった織田信長から「猿」と呼ばれたという逸話もある。

A

豊臣秀吉《とよとみひでよし》

太閤とは、関白の座を子に譲った者などに向けられる尊称。秀吉はこの呼び名をとりわけ好んだという。

豊臣秀吉（出典：東京大学史料編纂所）

信長に反旗を翻した家臣・明智光秀を討ったのは、やはり信長の家臣である羽柴秀吉《はしばひでよし》だった。

織田家に仕官し、足軽《あしがる》（歩兵）から戦功を立てて出世していった秀吉は、**光秀討伐を機に信長の後継者として認められるようになる**。

そして朝廷から関白の位と「豊臣」姓を与えられると、その権威をバックに全国支配に乗り出した。

四国の長宗我部《ちょうそかべ》氏、九州の島津《しまづ》氏を降伏させ、さらに1590年（天正18年）には小田原《おだわら》の北条《ほうじょう》氏を攻めて関東を平らげると、続いて伊達政宗《だてまさむね》たち東北地方の大名も従わせた。**信長がなしえなかった日本制覇を、秀吉が果たしたのであった**。ここに群雄割拠の戦国時代は終わりを迎える。

天下統一に前後して、秀吉は刀狩《かたなが》りを行った。農民や寺社から、刀や弓、鉄砲などの武器を没収して、武装蜂起の芽を摘んだのだ。

Question 41 / 100

全国の田畑の収穫量を詳しく調べて、土地支配の基礎とした豊臣秀吉の政策とは？

【ヒント】

太閤・秀吉の命によって
土地を直接検分していった。

A

太閤検地《たいこうけんち》

太閤検地にあたり、「検地帳」を作って誰がどの土地を耕すのかをはっきりさせ、土地のランクも定めた。

秀吉時代の検地帳（提供：朝日新聞社）

秀吉は各地でばらばらだった物差しや升《ます》といった計測単位を画一化させると、全国各地の田畑を詳しく調べて、その収穫量を米の体積である「石高《こくだか》」で表すようにした。「太閤検地」である。以降、**農民が支払う年貢の額は石高をもとに決められるようになり、また武士も石高に応じて兵士や馬を拠出させられる軍役が課された**。

刀狩りと太閤検地は、治安と歳入確保の安定につながったが、それだけでなく**農民と武士の職業的な役割をはっきりさせる**ことで、身分の差を明確にしたのだ。この身分制社会が、その後の江戸時代の基礎となっていく。

秀吉はまた海外との交易もさかんに行ったが、同時に大陸への野心を抱くようになる。1592年（文禄元年）には**中国・明の征服を目指して朝鮮半島へと侵攻**。一時休戦するものの1597年（慶長2年）に再び出兵した。秀吉の病死によって停戦、撤兵したものの、この文禄《ぶんろく》・慶長《けいちょう》の役によって日本軍を構成した武士たちや、重税を課せられた庶民の負担は大きく、豊臣政権が力を失う一因となった。

1600年に関ケ原の戦いに勝利し、江戸に幕府を開いた武将は？

【ヒント】

この人物は現在、栃木県にある日光東照宮に祀られている。

A

徳川家康《とくがわいえやす》

三河《みかわ》の小大名の家に生まれ、幼少期は駿河の今川氏の人質として過ごした。桶狭間の戦いののちに独立し、領土を拡大していった。

徳川家康（出典：東京大学史料編纂所）

秀吉の死後、豊臣政権内では政争が激しくなった。秀吉の子である秀頼《ひでより》が幼かったため、かねてから政権中枢を担っていた重臣たちのサポート体制がとられることになったのだが、彼らの間で争いが起こったのだ。

対立の中心軸となったのはふたりの重臣だ。北条氏亡き後に、**秀吉から江戸の統治を任せられていた徳川家康**か。秀頼を立て、**あくまで豊臣家による政治を行うべきだと主張する石田三成《いしだみつなり》**か。

両者の権力争いに全国の大名も加わって軍を挙げ、両陣営は１６００年（慶長5年）に関ケ原《せきがはら》（岐阜県）で激突する。大規模な戦闘となったが、家康が勝利を収め、武力で政権を奪取した。

そして１６０３年（慶長8年）、朝廷も家康を認めて征夷大将軍に任命、**江戸を中心とする幕府が開かれる**ことになる。家康はさらに、１６１４年と１６１５年（慶長19～20年）の大坂《おおさか》の陣で豊臣氏を滅ぼし、日本全国の支配を確かなものとした。

5章

江戸時代

実力で地位を奪い取る時代から、
太平の世に移り変わった江戸時代。
約260年の長きにわたり、
幕府が終焉を迎えるその時まで、
さまざまな人物が幕府体制維持に
奔走した。

Question
43
100

幕府から統治を任せられた藩《はん》が各地方を支配する、江戸時代の政治の仕組みとは？

【ヒント】

将軍を頂点として、その下に各地の藩主、その家臣、そして商人や百姓という序列だった。

A 幕藩《ばくはん》体制

江戸時代は徳川幕府を頂点に、全国の藩がそれぞれの地域を管轄する、中央集権体制だった。

「園部藩参勤交代行列図」（複製／部分、出典：京都府立京都学・歴彩館 京の記憶アーカイブ）
嘉永年間（1850年頃）の参勤交代の様子とされる。

江戸幕府は、全国の土地を直轄地である**幕領《ばくりょう》**と、**大名領**とに大きく分けた。幕府管轄の土地は全国およそ3000万石のうち4分の1を占め、京都・大坂・奈良・長崎など政治経済の主要都市のほかに、**鉱山も占有し貨幣の発行権も独占していくなど、幕府の経済基盤とした。**

そのほかの土地は、各地の大名に統治が任せられたが、彼らは幕府から大きく3つに分類された。将軍家の縁戚である「親藩《しんぱん》」、関ケ原以前から徳川派だった「譜代《ふだい》大名」、そして関ケ原以降に徳川家に従った「外《と》様《ざま》大名」だ。政権内の重要なポストはほぼ親藩と譜代大名に任せられた。これら大名の領地は後に「藩《はん》」とも呼ばれ、**幕府と藩で全国を管理したことから、徳川政権の統治システムは「幕藩体制」とも呼ばれている。**

また「武家諸法度《ぶけしょはっと》」という法律が敷かれ、築城や大名同士の政略結婚の禁止、1年おきに江戸に滞在する「参勤交代《さんきんこうたい》」など藩の力を削ぐ目的の条項が定められた。

加えて幕府は京都所司代《きょうとしょしだい》という役所を設置。**朝廷を監視し、皇族に政治力を持たせない**ことにも気を配った。

Question
44
100

江戸幕府から海外渡航の許可状を得て大名や商人が行った国際交易とは？

【ヒント】

許可状の名前が貿易を行う船の呼称となり、この用語ともなっている。

A

朱印船《しゅいんせん》貿易

朱印船貿易によって東南アジア各地にできた日本人町のひとつ、タイのアユタヤには1500人の日本人が暮らしていた。

「交易船図巻」より朱印船
（出典：ColBase、九州国立博物館所蔵）

徳川家康は幕府を開いた当初、海外との輸出入を歳入の柱のひとつと考え、重視していた。**海外渡航を許可する「朱印状《しゅいんじょう》」を大名や商人に与えて、交易を奨励した**のだ。そして安南《あんなん》（ベトナム）、シャム（タイ）、ルソン（フィリピン）など東南アジアの国には、朱印状を持つ朱印船の保護を要請した。

この朱印船貿易が活発になり、日本には東南アジアの染料や象牙《ぞうげ》のほか、中継地である中国の生糸や絹織物などが入ってくるようになる。日本からは銀や刀剣などが輸出され、大きな利益を上げた。

シャムのアユタヤなど東南アジア各地に移り住む日本人も増えていく。さらに平戸《ひらど》（長崎県）には商館が建てられ、オランダやイギリスとの貿易の拠点となった。

しかし**幕府の懸念は、経済協力が進むと同時に日本国内にキリスト教が広まっていくこと**だった。キリスト教徒が増加すると統治体制が揺らぐと考えたのだ。交易を推奨していた幕府だが、状況の変化に伴い新たな政策を打ち出していく。

１６３７年に起きた、キリスト教徒への弾圧に端を発する大規模な農民一揆とは？

【ヒント】

一揆が発生した地名が乱の名前となった。

A

島原《しまばら》の乱

大規模な一揆で、重税に耐えかねた農民や浪人が中心にいたと考えられていたが、近年は全国のキリシタンを巻き込もうとした説もある。

「島原御陣図」（17世紀）
キリシタンが籠城した原城の背後は海だった。

キリスト教の広まりを懸念した幕府は**禁教令**《きんきょうれい》を発布、教会を破壊し、布教を禁じ、宣教師を国外追放とし、数多くのキリスト教徒を処刑した。また1635年（寛永12年）には**朱印船貿易を停止し、日本人の海外渡航も帰国も禁止とした**。

とりわけ苛烈《かれつ》なキリスト教徒弾圧が行われた天草《あまくさ》（熊本県）や島原（長崎県）では、天草四郎《あまくさしろう》（益田時貞《ますだときさだ》）という少年を旗頭にした大規模な一揆が発生。幕府はこれを軍事力で鎮圧した後に、**より一層キリスト教の取り締まりを強めた**。

さらに海外との交流も狭めていく。1639年（寛永16年）にポルトガル船の入国を禁止すると、1641年（寛永18年）には国際港を長崎の出島《でじま》に限定し、**キリスト教を布教しないオランダと中国のみに貿易を許可した**。こうして日本人の出入国と海外からの渡航を禁止し、貿易を限定して、「鎖国《さこく》」体制が完成する。

Question
46
100

学問や礼節を重視し、政治に朱子学《しゅしがく》を取り入れた徳川幕府の5代将軍は？

【ヒント】

動物愛護の政策が有名で、「犬公方《いぬくぼう》」とも呼ばれた。

A

徳川綱吉《とくがわつなよし》

綱吉は過度な動物愛護政策「生類《しょうるい》憐《あわれ》みの令」でも知られるが、近年は学問や礼節を大切にする「文治《ぶんち》政治」を行ったとして再評価が進んでいる。

徳川綱吉

江戸時代初期に1200万人だった日本の人口は、**18世紀初頭には3000万人を突破した**と考えられている。人口増加にともない、新田開発が推奨された。その過程で千歯《せんば》こきなどの新しい農具、栄養価の高い肥料など、効率的な農法が全国に普及していった。

また、全国各地で気候風土を活かした特産物が生産されるようになり、幕府が整備した交通インフラによって全国に流通していく。江戸と京都を結ぶ**東海道《とうかいどう》**など**5つの主要街道を中心とした陸路**や、**水上輸送**もさかんになる。交通の要衝となる**宿場町《しゅくばまち》**や**港町**も発展し、特に江戸、大坂、京都は急成長を見せた。

こうして経済成長が続き、世の中が安定してくると、**「武」よりも「学」を重んじる社会になっていく**。5代将軍の徳川綱吉は、儒学《じゅがく》のひとつであり礼節や忠義を基本にする朱子学《しゅしがく》を国民に奨励した。この朱子学の考え方がもとになって、**大名と家臣、主人と奉公人、家長と家族といった主従関係が日本人に広がっていった**。

Question
47
100

江戸時代、経済活動の活発化にともなって物を手に入れるために必要になったものは？

【ヒント】

現代で買い物をしようと思ったら
必ず必要なもの。

A お金（貨幣）

一般社会に貨幣が流通した一方で、年貢は米で納めていたため、幕府の財政は次第に悪化していった。

江戸中期に経済活動が活発になると、それまで自給自足の暮らしをしていた農村にも変化が現れる。農具や肥料のほか、広く普及するようになった**さまざまな生活用品を買うために、お金＝貨幣が必要になった**のだ。農民たちも現金を稼ぐために、都市部に販売する野菜や綿花《めんか》、アブラナ（明かりの燃料となる菜種《なたね》油の原料）など、商品作物の栽培にも力を入れるようになる。

こうして都市だけでなく農村部にも「お金」が流通し、**貨幣経済が一般化していった**。

一方で幕府は以前と変わらず、「米」を年貢つまり税金として納めさせていた。しかし農業技術の発達によって大量収穫が可能になると、米の価格は下がる。加えて気候条件に左右される米は、貨幣に比べると「通貨」としての安定性に欠けていた。**そんな米を税金という経済の柱にしていた幕府の財政は悪化していく**。

そうした折、１７０７年（宝永４年）には富士山が噴火するなど災害が相次ぎ、復興にも多大な予算が伴った。

Question
48
100

悪化していた幕府の財政を立て直すため、8代将軍・徳川吉宗《よしむね》が行った政策とは？

【ヒント】

改革を行った時代の元号が
用語の中に入っている。

A 享保《きょうほう》の改革

吉宗はテレビドラマ「暴れん坊将軍」の主人公としても有名。実物は暴れん坊というより実直な改革者だったと考えられている。

徳川吉宗

1716年（享保元年）に8代将軍に就任した徳川吉宗は、幕府の経済状況を改善しようとさまざまな政策を打ち出していく。

現代の公務員ともいえる旗本《はたもと》や御家人《ごけにん》には質素で倹約した生活を送るように指導し、年貢米増産のために新田開発を進めた。その**年貢も豊作、不作にかかわらず一定量を納付させ、物価の安定を図った**。地方の大名には参勤交代で江戸に滞在する期間を1年から半年に短縮する代わりに、米を拠出させる「上《あ》げ米《まい》」の制度を取り入れた。

また庶民の意見を聞こうと江戸に**目安箱《めやすばこ》を設置**。この投書をもとに、生活困窮者のための無料診察所が開設された。ほかにも、裁判の判例集であり、刑罰の基準を定めた「公事方御定書《くじかたおさだめがき》」を発布した。

こうした一連の政策を「享保の改革」という。結果として幕府の財政は一時的に改善したが、年貢米の厳しい取り立てに反発した人々が一揆を起こすことも多かった。

Question 49 / 100

18世紀後半に老中の田沼意次《たぬまおきつぐ》が結成を勧めた同業者同士の組合は？

【ヒント】

同じ利益を得る仲間たちのこと。

A

株仲間《かぶなかま》

田沼はお金を重視した改革を行い、銅や海産物などの輸出にも力を入れた。また蝦夷地の開発も計画し、商業を活性化させようとした。

田沼意次

さまざまな商品の生産・流通が活発になり、貨幣経済の発達が進む18世紀後半、「商業」を幕府の財政の柱にしようと考えたのは田沼意次《たぬまおきつぐ》だった。意次は10代将軍家治《いえはる》の時代に、幕政の事実上のトップである老中に就任すると、**同業者同士の組合である「株仲間」の結成を広く勧めた**。株仲間に独占的な販売権を与え、その代わりに税金を徴収しようという経済政策だった。

しかし、株仲間の認可や販売権を巡って賄賂《わいろ》が横行、汚職がはびこるようになる。田沼政治への不満が高まる中、冷害や長雨が続き、１７８３年（天明３年）に岩木山《いわきさん》（青森県）や浅間山《あさまやま》（長野県・群馬県）が噴火。火山灰や日照量の低下により、**全国的な大凶作となった**。食物がなく飢え死にする人があふれ、東北地方を中心に90万人が亡くなったともいわれる。**「天明《てんめい》の大飢《だいき》饉《きん》」だ**。治安も悪化し、庶民の怒りは特権を持つ商人や役人へと向かう。各地で一揆や打ちこわしが急増し、批判を浴びた意次は老中を辞任させられた。

Question 50 / 100

18世紀後半に老中の松平定信《まつだいらさだのぶ》が行った幕府の政治改革とは？

【ヒント】

改革を行った時代の元号が
用語の中に入っている。

A 寛政《かんせい》の改革

改革の一環で、朱子学を教えるために設置された昌平坂学問所《しょうへいざかがくもんじょ》は、現在の東京大学の前身ともなった。

松平定信（出典：東京大学史料編纂所）

意次の後に老中となった松平定信《まつだいらさだのぶ》が手がけたのは、飢饉からの復興だった。

凶作に備えて**各大名に米の備蓄を義務づけ**、荒廃した農村から**都市部に出稼ぎに来ていた人々の帰農も促した**。また旗本・御家人の中には、幕府から配給される米を換金する業者から多額の借金を重ねる者が多く問題になっていたのだが、**この負債を帳消しに**。**経済を立て直す**とともに、幕府、朝廷から庶民まで**広く質素倹約を徹底させた**。

定信は言論統制も進めた。秩序を重視する朱子学以外の学問を禁じ、**幕府を批判する出版物を取り締まったが、これには反発も強かった**。こうした一連の政策は寛政年間の１７８７〜１７９３年に行われたことから「寛政の改革」と呼ばれている。その厳しい政策よりも、まだ乱れていた田沼意次の時代が良かったと嘆く「白河《しらかわ》の清きに魚《うお》の住みかねて　もとの濁りの田沼恋しき」という狂歌《きょうか》も庶民の間では詠まれた。

Question
51
100

１８３７年、幕府に対して反乱を起こした大坂奉行所《ぶぎょうしょ》の元役人は？

【ヒント】

この人物の名前が事件名に入っている。

A 大塩平八郎《おおしおへいはちろう》

平八郎は財を貯めこんでいる商人や役人を襲撃して米や金を奪い、生活苦にあえぐ人々に配ろうとした。

大塩平八郎

19世紀に入ると、鎖国を続けてきた日本の近海に外国船が次々と現れるようになる。ロシアやアメリカ、イギリスなどの船が訪れ、日本との交易を求めてきたが、幕府は応じなかった。

逆に1825年（文政8年）に**「異国船打払令《いこくせんうちはらいれい》」**を発布して、外国の船を見つけたら砲撃して撃退すること、上陸した外国人は逮捕することを命じた。**それでもなお外国船の来航は続き、長く続いた鎖国体制を揺るがしはじめる。**

国内では1833年（天保《てんぽう》4年）から、またしても飢饉が襲った（天保の大飢饉）。無数の餓死者が出る中、**米が買い占められたことで価格が急騰し、激怒した庶民は各地で一揆を起こした。**大坂では1837年（天保8年）、奉行所に勤めていた元役人で学者の大塩平八郎が、弟子たちとともに武装蜂起。この**「大塩平八郎の乱」**はすぐに鎮圧されたが、元役人による反乱は江戸幕府の統治体制のほころびを感じさせる出来事でもあった。

Question
52
100

19世紀中頃に老中の水野忠邦《みずのただくに》が行った幕府の政治改革とは？

【ヒント】

改革を行った時代の元号が
用語の中に入っている。

A

天保《てんぽう》の改革

幕府財政の立て直しを目的としていたが、行き過ぎた倹約令などは支持を得ることができなかった。

水野忠邦

国内外の諸問題に対処するため、老中の水野忠邦《みずのただくに》は1841年（天保8年）から幕政の刷新に取り組みはじめる。経済面では、さまざまな商品の販売・流通権を独占し、**物価高の原因となっていた株仲間を解散させて自由競争を促した**。また飢饉によって江戸に流入してきた農民を帰省させ、再び農業に従事させた。減少していた農村人口と、年貢米を増やすことが目的だった。

厳しい倹約令も敷いた。庶民に人気のエンターテインメントだった寄席《よせ》を規制して数を激減させ、歌舞伎役者の7代目・市川団十郎《いちかわだんじゅうろう》は「ぜいたくな生活をしている」と咎《とが》められ、江戸から追放された。

これらの政策は「天保の改革」と呼ばれるが、**その強引さもあって世論の支持は得られず、忠邦は2年ほどで老中を失脚した**。

こうして中央が混乱し疲弊する一方で、地方では薩《さつ》摩《ま》藩（鹿児島県）や長州《ちょうしゅう》藩（山口県）など、独自の経済政策で財政を強化し、軍備を整える藩も現れてきた。

Question
53
100

1853年、浦賀に艦隊を率いて来航したアメリカの軍人は？

【ヒント】

当時の一大事件だったため、
この人物の浮世絵も多数描かれた。

A マシュー・ペリー

アメリカ海軍東インド艦隊司令長官。アメリカ初となる蒸気を動力とする軍艦を建造し、海軍を強化したことから「蒸気船海軍の父」と呼ばれた。

マシュー・ペリー

1853年（嘉永6年）、浦賀《うらが》（神奈川県）の沖合に4隻の巨大な船が現れた。日本では未知の技術だった蒸気機関を搭載してもうもうと煙を上げ、黒く塗られた巨大な船体の威容《いよう》に、人々は驚き、おおぜいの見物人が沿岸に押し寄せた。**マシュー・ペリー率いるアメリカ合衆国海軍の東インド艦隊だった**。

米艦隊の来航について、幕府はオランダ商館から情報を得てあらかじめ知ってはいたのだが、〝黒船〟と呼ばれた巨船を実際に前にすると、その軍事力と科学力とに圧倒され、幕府にも動揺が広がった。

そしてペリーは浦賀奉行と会見し、第13代大統領ミラード・フィルモアから幕府にあてた国書を手渡すと、いったん日本を離れていく。**国書には、日本開国の要求が記されていた**。これを受け入れるのかどうか、幕府は判断しかねた。そこで朝廷にも報告し、各大名にも意見を聴くなど、**幕藩体制下ではきわめて異例の対応をとった**。そのため幕府の権威はだんだんと崩れていく。

Question

54

100

1858年にアメリカと結んだ、不平等な内容を含む条約とは?

【ヒント】

日米間の貿易および裁判権について不平等な内容が目立った。

A 日米修好《にちべいしゅうこう》通商条約《つうしょうじょうやく》

同様の条約は、アメリカだけでなくオランダ、ロシア、イギリス、フランスとも締結することになる。

日米修好通商条約の締結を求めたタウンゼント・ハリス

鎖国体制を解くのかどうか。幕府は大きく揺れたが、強大な軍事力に対抗するすべはなかった。**1854年（嘉永7年）に再び来航したペリーと幕府は外交交渉に臨み、日米和親条約《にちべいわしんじょうやく》を締結。**下田《しもだ》（静岡県）と箱館《はこだて》（北海道）を開港し、アメリカ艦船に水や食料、燃料を日本が補給すること、下田にアメリカの領事を置いて外交窓口とすることが決められた。**長く続いた鎖国は終わり、日本も国際社会の荒波の中に入っていくことになる。**

初代アメリカ総領事として下田に駐在したタウンゼント・ハリスは、次に日米間の自由貿易を要求してきた。大老の井伊《いい》直弼《なおすけ》は、英仏が清（中国）への侵攻を進めていることを知ると、日本を守るためにはアメリカとの条約締結が必要と判断。**1858年（安政5年）に日米修好通商条約を結び、**箱館、横浜、長崎、新潟、神戸の5港を開き、アメリカ人の居留地を置き、自由貿易を認めた。しかしこの条約は**アメリカからの輸入品の関税率を決める権利や、日本国内のアメリカ人に対する裁判権（領事《りょうじ》裁判権《さいばんけん》）を持たない**など、きわめて不平等な内容だった。

Question
55
100

吉田松陰《よしだしょういん》たちが主張した、朝廷を重視して外国勢力を排除しようという考えとは？

【ヒント】

天皇を尊び、外国を打ち払うという考えは、19世紀前半には思想としてすでに存在はしていたという。

A

尊王攘夷《そんのうじょうい》

長州藩の思想家・教育者だった吉田松陰は、高杉晋作《たかすぎしんさく》や伊藤博文《いとうひろぶみ》、山縣有朋《やまがたありとも》など後の明治維新のキーとなる人々の師でもあった。

吉田松陰

開国にあたり、井伊直弼たち幕府の重臣が**朝廷の許可を得ることなく日米修好通商条約を結んだ**として、一部の大名や公家《くげ》の間では反発が強まった。

そして、徳川政権下では政治力を持たなかった**天皇を尊ぶよう改め（尊王《そんのう》）、外国勢力を一掃すべき（攘夷《じょうい》）という「尊王攘夷」の考え**が広まっていく。

その中心となっていたのは長州藩（山口県）の吉田松陰たちだが、井伊直弼は彼らを含む尊王攘夷派を処刑（安政《あんせい》の大獄《たいごく》）。対して1860年（安政7年）には水戸藩（茨城県）の元藩士たちが井伊直弼を暗殺。「桜《さくら》田門外《だもんがい》の変」である。

開国をめぐって弾圧とテロリズムが横行し、社会は荒れていった。攘夷の思想に影響された武士が外国人を襲う事件もたびたび起きた。幕府はどうにか影響力を取り戻そうと、朝廷に接近。孝明《こうめい》天皇の妹を14代将軍・徳川家茂《いえもち》の妻に迎える**「公武合体策《こうぶがったいさく》」**をとったが、時代の荒波は収まることはなかった。

Question
56
100

幕末の混乱の中で、掛け声と共に踊り狂ったという民衆騒動は？

【ヒント】

伊勢神宮の御札が空から降ってきたことを喜ぶうちに狂乱的な運動に発展したともいわれている。

A ええじゃないか

御札は討幕派が意図的に降らせたものという説もあるが、はっきりしたことはわかっていない。

「ええじゃないか」騒動を描いたもの

開国による影響は経済にも現れてきた。おもにイギリスから安い綿製品が大量に輸入されてきたため、**国内産業が大打撃を受けた**のだ。日本からは生糸などが輸出されたが、その需要に生産が追い付かず価格が上がり、ほかの生活必需品の値段も上昇していった。

さらに問題となったのは**金の流出**だった。諸外国では銀15に対して金1という交換比率だったが、その当時の日本では銀5で金1が得られた。**日本に行って金と銀を交換するだけで3倍の稼ぎになると外国商人が押し寄せ、国内からはどんどん金が流出していった**。

幕府は対抗策として、金の含有量を減らした万延小《まんえんこ》判《ばん》を流通させて金を保護したのだが、金貨（小判）の質が下がったことで**価格も下がり、モノを買うために必要な額は増える**。つまり物価が急上昇したのだ。

このハイパーインフレの中、さらにコレラの大流行で大量の死者も出て、各地で一揆や打ちこわしが相次いだ。大勢で「ええじゃないか」と叫びながら熱狂的に踊るムーブメントも起き、いよいよ世相は混沌としていった。

Question
57
100

攘夷から倒幕へ方針を転換した2つの藩による同盟とは？

【ヒント】

一方は本州の端、
一方は九州の端にある藩だった。

A

薩長《さっちょう》同盟

薩摩・長州ともに、攘夷派筆頭とも呼べる存在だったが、外国との衝突を機に倒す相手を幕府へと切り替えた。

攘夷派の中心となっていた長州藩は、1863年（文久3年）に強硬手段に出る。関門海峡《かんもんかいきょう》を通過する外国船に対して、砲撃を加えたのだ。翌年、英・仏・米・蘭の連合艦隊が長州藩に反撃し、下関《しものせき》砲台を占拠。圧倒的な軍事力の差を思い知ることになる。そのため長州藩の木戸孝允《きどたかよし》や高杉晋作《たかすぎしんさく》たちは、**徳川幕府こそが倒す相手で、新しい政権をつくろうと考えるようになる**。

一方、薩摩藩も対外戦争を経験する。きっかけは薩摩藩主の父・島津久光《しまづひさみつ》の行列を乱したとされるイギリス人たちを、薩摩藩士が殺傷したことだった（生麦《なまむぎ》事件）。報復としてイギリスは艦隊を鹿児島湾に侵入させると、軍事衝突に発展。互いに大きな損害を出したものの、講和交渉を重ねる中で両者は理解し合うようになる。**薩摩藩はイギリスと接近し、攘夷から倒幕へと傾いていく**。

そんな薩摩藩の西郷隆盛《さいごうたかもり》や大久保利通《おおくぼとしみち》たちと、長州藩の木戸孝允たちを結びつけたのが、土佐《とさ》藩（高知県）の坂本龍馬《さかもとりょうま》だった。彼の仲介によって1866年（慶応2年）に薩長同盟が結ばれる。

Question
58
100

1867年に政権を朝廷に返した徳川幕府15代将軍とは？

【ヒント】

江戸幕府最後の将軍である。

A

徳川慶喜《とくがわよしのぶ》

慶喜が政権を返上したことで、鎌倉時代以降およそ700年ほど続いた武士による政治が終わった。

「大政奉還図」邨田丹陵

薩長による武力倒幕が迫る中、幕府は大きな決断をする。1867年（慶応3年）、第15代将軍・徳川慶喜が、政治の実権を朝廷に返したのだ。**大政奉還《たいせいほうかん》**である。**ここに260年あまり続いた徳川幕府は滅亡した。**

慶喜としては新政権の中でも徳川家の存在感を示そうとしたが、西郷隆盛や公家の岩倉具視《いわくらともみ》たちは**朝廷が主導する政治を行うべく、王政復古《おうせいふっこ》の大号令《だいごうれい》を出す**。こうして天皇中心の新政権が成立する。

だが徳川家が政治から排除された上に、**慶喜の領地や官職の返上も求められたことに対して旧幕府側が反発**。1868年（慶応4年）に、新政府軍との間で激しい内戦となる。

京都での鳥羽《とば》・伏見《ふしみ》の戦いに始まり、江戸、会津《あいづ》（福島県）、箱館（北海道）など、日本全国を巻き込んだこの**戊辰《ぼしん》戦争**は、翌1869年（明治2年）に新政府側の勝利で終結した。

6章

明治時代

「ざんぎり頭をたたいてみれば
文明開化の音がする」
政治、文化、身分などさまざまな
ものが急激に様変わりした明治時代。
日本が近代国家として
急成長した激動の時代であった。

Question
59
100

1868年に明治新政府が出した新しい政治の方針とは？

【ヒント】

話し合いを大事にすること、
天皇のもとで新しい国をつくることなど、
5つの条文からなった。

A

五《ご》箇《か》条《じょう》の御《ご》誓《せい》文《もん》

御誓文は明治天皇が神々に対して誓いを立てるという形式が取られた。天皇中心の社会をつくるという決意の表れでもある。

「武州六郷船渡圖」月岡芳年
明治元年10月、明治天皇の東京行幸における六郷の渡しでの情景を描いたもの。

戊辰戦争を戦いながらも、新政府は近代的な国家を目指し、さまざまな改革を打ち出していった。1868年（慶応4年）3月には、**「五箇条の御誓文」**を発布。世論を大事にして何事も会議で決めること、古い習慣にとらわれず、知識を広く世界に求め、天皇のもと国民がひとつになって新しい世の中をつくっていくことなど、**明治政府の基本方針が掲げられた**。

そして同年7月には江戸を「東京」に、9月には元号を「明治」へと変更。天皇も東京へと移ってくる。東京は近代国家の首都として機能し始めていくが、中核となったのは**「太政官《だじょうかん》」**と呼ばれる部署だ。太政官は大蔵省《おおくらしょう》や外務省、司法省などを統括し、司法・行政・立法を担う、いわば国の最高機関といえるのだが、**その役職は倒幕の中心となった4藩出身者や公家で占められていた**。薩摩の西郷隆盛、長州の木戸孝允、土佐の板垣退助《いたがきたいすけ》、肥前の大隈重信《おおくましげのぶ》……。彼ら薩長土肥の政治家、とりわけ薩摩と長州の人々が大きな権力を持ったことについては**「藩閥《はんばつ》政治」**という批判もあった。

Question
60
100

1871年、明治新政府が行った地方行政に対する政策とは?

【ヒント】

中央集権化を進めるために、
これまでの行政の枠組みを大きく変えた。

A

廃藩置県《はいはんちけん》

幕藩体制では幕府の元に各藩が連なっていたが、新政府は中央から各県知事を派遣。中央政府が国民を直接統治する大枠となった。

さらに明治新政府は、各地方の大名が藩を統治する体制も変えていく。

1871年（明治4年）に「廃藩置県」を行い、**すべての藩を廃止して、かわりに「県」を置いた**。東京・大阪・京都は「府」とされた。そのほかの県の数は300以上にもなったが、のちに43県に整理された。県令《けんれい》（のちの県知事）と府知事は中央政府からの派遣だ。**地方行政も中央が管理する、集権国家化を進めていった**。

また江戸時代の身分制度を改め、**皇族以外の人々は誰しも平等であるとされた**。町人や百姓は「平民《へいみん》」と呼ぶようになり、名字や、ほかの身分との結婚なども許された。解放令も布告され、それまで差別されていた、えた、ひにんの人々も平等となった。しかし身分による差別はその後も根強く残った。

こうして短期間のうちに、日本の政治システムも、社会や経済も、大きく変わっていった。江戸の幕藩体制から、明治の近代国家へ。この明治維新の荒波を、人々は「御一新《ごいっしん》」と呼び、新しい時代に希望をふくらませた。

Question
61
100

欧米諸国に対抗するため、軍と産業を強化した明治政府の政策とは？

【ヒント】

国を豊かにすることと、
国力を強くすることを掲げた熟語。

A 富国強兵《ふこくきょうへい》

主に教育・軍事・税制・産業・交通・通信に西洋の知識が導入され、日本の生活は様変わりした。

明治政府の掲げた新国家のスローガンは「富国強兵」だった。**欧米列強に負けない強い国づくり**を目標としたが、そのためにさまざまな近代化政策を進めていく。

まず整えたのは学制《がくせい》だ。**6歳になった男女はすべて小学校に通うことを義務づけ**、東京大学をはじめとする多くの高等教育機関を設立した。また外国人教師を招いたり、留学生を海外に派遣するなど、欧米の知識や文化、科学技術を吸収しようという意欲も高かった。

教育の次には軍隊の創設に取りかかった。江戸時代の武士が集まったものではなく、**国民による統一的で西洋式の軍隊をつくるため、徴兵制《ちょうへいせい》を施行**。満20歳になった男子に兵役を課した。

続いて税制も改革していく。全国の土地を精査して地価を定め、土地所有者には地価に応じた税を納めさせるようにした。江戸時代のように米ではなく、現金による納税だ。この**地租改正《ちそかいせい》**によって政府の財政は安定していく。しかし庶民にとって税負担のきつさはあまり変わらず、各地で一揆も起きた。

Question
62
100

産業発展のために群馬県に建設された日本初の官営製糸場は？

【ヒント】

この施設は2014年に
世界文化遺産にも登録された。

A 富岡製糸場《とみおかせいしじょう》

新一万円札の肖像で知られる渋沢《しぶさわ》栄一《えいいち》は、富岡製糸場をはじめとする数多くの企業の設立に関わり、明治の近代化を支えた。

「上州富岡製糸場之図」

教育、軍、税制と、国の土台をつくっていった政府は、近代産業の育成も進めた。外国人技術者を招いて富岡製糸場（群馬県）などの**官営模範工場や軍需工場などを建設**し、技術を広めるとともに、民間企業の支援も行った。この殖産興業《しょくさんこうぎょう》政策によって、日本は資本主義国家へと変わっていった。

産業の基礎となる交通・通信インフラも整備されていく。**1872年（明治5年）には新橋《しんばし》と横浜の間に鉄道が開通**。郵便制度や電信も始まった。街には馬車が走るようになり、ランプやガス灯が夜を彩った。暦《こよみ》も太陰暦《たいいんれき》から太陽暦《たいようれき》へと変わり、7日を1週間として日曜日を休日とするよう定められた。

思想の分野では、福沢諭吉《ふくざわゆきち》や中江兆民《なかえちょうみん》が、**人間の自由や権利を重んじる欧米の考え方を広めた**。これを後押ししたのは、印刷技術の発展による本や雑誌の普及だ。

人々の間では洋服を着て靴を履き、牛肉を食べることが流行。ライフスタイルの欧米化もまた、急速に広がっていった。**「文明開化《ぶんめいかいか》」**と呼ばれる動きだ。

Question
63
100

外国との不平等条約改正のために欧米に派遣された使節団は？

【ヒント】

幕末から政治に大きく関わっていた公家が使節団の代表となった。

A 岩倉使節団《いわくらしせつだん》

使節団は横浜港を出発してまずアメリカのサンフランシスコに向かい、大西洋を渡って欧州へ向かった。

サンフランシスコに到着直後の岩倉使節団

新政府は内政とともに外交にも力を入れた。とりわけ目標としていたのは、江戸幕府が欧米諸国と結んだ**不平等条約の改正**だ。

そのため1871年（明治4年）、公家《くげ》の**岩倉具視を代表とする使節団が、欧米に派遣された**。この岩倉使節団には木戸孝允、大久保利通、伊藤博文たち政府の要人が多数参加しただけでなく、留学生たちも同行。その中には、後に津田塾《つだじゅく》大学を創立する津田梅子《つだうめこ》や、看護婦養成所設立のために日本で初めてバザーを開くことになる大山捨松《おおやますてまつ》など、女性たちの姿もあった。

条約の改正はならなかったものの、使節団がおよそ2年をかけて欧米12か国を回り、進んだ工業や教育、政治の場などを見聞した経験は、その後の日本の近代化に大きく寄与したといわれる。

Question
64
100

1871年に清と結ばれた条約とは？

【ヒント】

これまでの条約と違い、
両国が対等な関係となる条約だった。

A

日清修好条規《にっしんしゅうこうじょうき》

明治維新後の日本政府が、初めて外国と締結した対等で近代的な条約。1894年（明治27年）の日清戦争まで効力が続いた。

1871年（明治4年）、日本は清と日清修好条規を締結して国交を結んだ。**両国が領事裁判権《りょうじさいばんけん》を互いに持つ平等な内容だった。**

政府は朝鮮にも国交を開くように求めたが、朝鮮はこれを拒否。政府内には軍事力で朝鮮を開国させようという**「征韓論《せいかんろん》」**が強まっていく。だが、今は国内で殖産興業政策を進めるべきという反対の声が上がり、征韓論者の西郷隆盛や板垣退助たちは政府を離れた。

1875年（明治8年）、日朝間で武力衝突が発生する。日本が朝鮮に軍艦を派遣して、沿岸を無断で測量したことに対し、朝鮮が抗議のため軍艦に砲撃を加えたのだ。**江華島《こうかとう》事件**である。この事後処理という名目で両国は交渉を行い、**1876年（明治9年）に日朝《にっちょう》修好条規《しゅうこうじょうき》を締結**。朝鮮も開国した。だがこの条約は、朝鮮には領事裁判権がない不平等なものだった。

また、薩摩藩の支配下にあった琉球《りゅうきゅう》王国を沖縄県として併合、さらに蝦夷地を北海道とし、ロシアとの間で国境の確定も行った。

Question 65 / 100

板垣退助たちが進めた、国民の参政権を求める運動とは？

【ヒント】

国民が自由に政治に参加すべきという考えにもとづいた運動だった。

A 自由民権《じゆうみんけん》運動《うんどう》

自由民権運動は板垣の故郷・高知県でとくに盛り上がり、多くの政治結社がつくられ、中江兆民《なかえちょうみん》など民権思想を唱える思想家も生んだ。

板垣退助（出典：国会図書館）

征韓論を巡る政争の後に、政府の中心となっていったのは大久保利通だ。彼は警察や地方行政などを管轄し、強い権限を持つ内務省《ないむしょう》を設け、自らがトップである内務卿《ないむきょう》に就任して近代化政策を進めた。

これに対して「少数による専制政治だ」と批判も集まる。板垣退助や江藤新平《えとうしんぺい》たちは、国民も政治に参加させるべきだと主張。１８７４年（明治７年）には「**民撰議院設立の建白書**《みんせんぎいんせつりつのけんぱくしょ》」を政府に提出し、**国民が選んだ議員による議会をつくるよう要求した**。これが国民の参政権を求める、自由民権運動の始まりだった。

一方で、明治維新を機に政治の場から遠ざけられていた士族、**かつての武士たちは、刀を持つ特権もなくなり、政府に対する反感を強めていた**。彼らは１８７０年代に各地で武装蜂起するが、とりわけ規模の大きかった内紛が**西南戦争**《せいなんせんそう》だ。西郷隆盛が薩摩藩の士族たちを率いて戦ったが、徴兵制度によって組織された近代的な政府軍の前に敗れ去る。

Question 66 / 100

1881年に板垣退助らが結成した、日本初の政党とは？

【ヒント】

同じ名前の政党はこれ以降何度か登場する。

A 自由党《じゆうとう》

日本初の全国政党として誕生したが、党内の急進派が暴走したこともあり3年後に解散となった。

1870年代後半から、自由民権運動は全国的な広がりを見せる。高い地租に苦しむ地主や、商工業者、知識人が参政権を求め、各地で政治団体を立ち上げた。1880年（明治13年）にはこれらの代表者が大阪に集まり、「国会期成同盟《こっかいきせいどうめい》」を結成。政府に国会開設を訴えた。

こうした声を受けて、**政府は10年後の1890年（明治23年）に国会を開くことを約束**。それに備えて板垣退助はフランスの人権思想を参考に**自由党**をつくり、また大隈重信《おおくましげのぶ》はイギリスの議会政治を理想とする**立憲改進党《りっけんかいしんとう》**をつくった。

これらの政党は各地で演説会を行ったり、**明治時代に入って次々と創刊された新聞に政府批判の意見を掲載するなど運動を続けた**。しかし政府は集会を禁止したり新聞を取り締まるなどして、言論の自由を認めなかった。

Question
67
100

内閣制度をつくり、日本初の内閣総理大臣となった人物とは?

【ヒント】

長州藩の出身で、昭和後期の
千円札に肖像が使われていた。

A

伊藤博文《いとうひろぶみ》

伊藤博文は長州藩（山口県）の生まれで、吉田松陰に学んだ。大日本帝国憲法の制定に尽力した後、内閣総理大臣に4度、就任した。

伊藤博文（出典：国会図書館）

国会開設にあたり、政府は伊藤博文たちをドイツやオーストリアなどに派遣。近代的な法制度や議会制度を学んで帰国した伊藤は**1885年（明治18年）、太政官制の代わりに内閣制度を創設した**。各省庁のトップである国務大臣が行政を担当するというものだ。

初代の内閣総理大臣（首相）に就任した伊藤を中心にまとめられた草案をもとに、1889年（明治22年）に**大日本帝国憲法《だいにほんていこくけんぽう》**が発布される。これは天皇から国民に与えられるという形式だった。

新しい憲法では、**天皇が元首として国を治め、軍の指揮権や条約の締結などの外交権なども持つ**とされた。そして天皇の統治を補佐するという形で、**帝国議会の招集**も決められた。また厳しい制限付きながらも国民に言論や出版、結社、信仰の自由が認められた。こうして憲法をもとに、天皇を中心とした国家の姿が描かれていく。

憲法発布の翌年には**「教育勅語《きょういくちょくご》」**も出された。これは天皇と国家への忠誠心を養う教育方針で、以降の日本人の考え方に大きな影響を与えることになる。

Question
68
100

日本で初めて行われた選挙において、選挙権があったのは何歳以上？

【ヒント】

現在の年齢とは異なっている。

A

25歳以上

納税額、年齢、性別など、当時の選挙権にはさまざまな制限が設けられていた。

帝国議会は貴族院と衆議院の二院制だったが、このうち貴族院は皇族や華族（元公家や大名）、それに天皇から任命された議員で構成された。そして衆議院は国民からの選挙で選ばれた議員たちが担った。とはいえ**選挙権があったのは「15円以上の税金を納めている25歳以上の男性」だけ**で、これは人口のおよそ1・1％、約45万人に過ぎなかった。そのほとんどは農村の裕福な地主だったという。

それでも、憲法に基づく「立憲《りっけん》政治」が行われ、国民参加の議会を持つ国は、その当時のアジアでは日本だけだった。

1890年（明治23年）、日本初の衆議院議員総選挙が行われ、自由民権運動の思想を受け継ぐ国民の声を受けた民党《みんとう》が、多くの議席を獲得した。**日本の議会政治のスタート**だった。

Question
69
100

1894年、朝鮮の反乱をきっかけに起こった日本と中国の戦争は？

【ヒント】

朝鮮で起こった甲午農民戦争《こうごのうみんせんそう》の鎮圧という目的で、両国が朝鮮に出兵した。

A

日清戦争《にっしんせんそう》

日清戦争後の講和によって、朝鮮は「大韓帝国」として独立、日本は清から多額の賠償金と領土を得た。

「大日本ト清国ト両軍平城激戦之図」
日清戦争における平壌の戦いを描いたもの。

日本が憲法や議会を整備し、近代的な国家づくりを進めていた頃、欧米諸国は産業を発展させ軍事力を強め、アジアやアフリカの植民地化に乗り出していた。日本は独立を保つために、幕末に結ばされた不平等条約の改正に動くが、一方で**欧米列強のアジア支配を抑えるためにも、朝鮮に進出すべきだという意見が強くなっていく**。

その朝鮮では1894年（明治27年）、重税に苦しむ農民たちが反乱を起こす。政治改革や、日本と欧米の外国勢力を排除することを求めたものだったが、朝鮮政府は鎮圧のために清《しん》に援軍を要請。これに対して日本も出兵すると、**両軍は衝突し、日清戦争へと発展した**。

戦争は日本が勝ち、下関で講和条約が結ばれる。その内容は**清からの朝鮮の独立**と、**遼東《りょうとう》半島や台湾、澎《ほう》湖《こ》諸島の日本への割譲**を、清に認めさせるものだった。しかし**ロシアがドイツやフランスとともに遼東半島の清への返還を要求**。拒むだけの軍事力がなかった日本はこれを受け入れたが、ロシアへの反感が高まっていく。

Question
70
100

1905年に日本とロシアの間で結ばれた講和条約とは？

【ヒント】

この講和の内容に、当時の日本人はとても不満を抱いたという。

A ポーツマス条約

この条約で日本には多くの権限が認められたが、賠償金を得られなかったことに国民は激怒し、各地で暴動が起きた。

日露戦争時、ロシア軍に砲撃を行う日本軍

日清戦争後、国力を失った清に欧米列強が進出。対して清の国内では外国勢力を打ち払おうと、義和団《ぎわだん》という運動が巻き起こり、各地で反乱を起こした。日本や欧米8か国の多国籍軍によって義和団は制圧されるのだが、**そのうちの一国だったロシアはその後も中国東北部の満州に大軍を駐留させ続けた**。

これに危機感を覚えた日本とイギリスが同盟を結びロシアに対抗するが、ついに1904年（明治37年）、日本とロシアは開戦に至る。日露《にちろ》戦争だ。

戦局はロシアの圧倒的有利とみられていたが、日本の優勢で進み、**日本海海戦で日本が勝利したことを機にポーツマス条約が結ばれ、両国は講和した**。この結果、日本は、朝鮮での利権、南満州《みなみまんしゅう》の鉄道、南樺太《みなみからふと》の領土などを得た。

日清・日露ふたつの戦争での勝利を経て、日本は「欧米列強に肩を並べた」と自信を深めた。そして東アジアでの支配を強めていった。

1905年に韓国統監府《とうかんふ》に就任した人物とは？

【ヒント】

日本の初代総理大臣を務めた人物でもある。

A 伊藤博文

伊藤博文は日本の支配に反対する韓国の青年、安重根《あんじゅうこん》によって、満州・ハルビンで射殺された。

韓国統監府

日露戦争講和のために結ばれたポーツマス条約は、日本による韓国の支配を欧米列強に認めさせるものでもあった。この条約を後ろ盾に、**日本は1905年（明治38年）に、韓国を保護国とする**。外交権を掌握、韓国統監府《とうかんふ》を設置し、その初代統監には伊藤博文が就任した。

やがて日本は韓国の外交だけでなく、内政権も奪い、警察や軍隊を解散させた。激しい抵抗運動も起きたが、**1910年（明治43年）に日本は韓国を併合**、朝鮮と改める。首都の名前も漢城《かんじょう》（ソウル）から京城《けいじょう》に変更。朝鮮総督府《そうとくふ》を置き、軍事力による植民地支配を進めていく。鉄道を敷設《ふせつ》するなど**近代化を進める一方で**、学校では日本語や日本の歴史教育を強要するなど、**日本への同化政策も行われた**。

また日本は土地制度の近代化を進めようと朝鮮の調査を行ったところ、所有権の不確かな場所が多かったことからこれを没収。そのため農地を失い、満州や日本に移住せざるを得ない農民が増えた。

Question
72
100

ポーツマス条約によって獲得した満州の鉄道を開発・経営するために設立した会社とは？

【ヒント】

漢字２文字の略称で呼ばれることが多い。

A

南満州鉄道《みなみまんしゅうてつどう》株式会社《かぶしきがいしゃ》（満鉄《まんてつ》）

ロシアが遼東半島を起点に南満州まで敷設していた鉄道で、日本軍はさらにその開発を進めていった。

満鉄が開発した「大連大広場」。大連には満鉄の本社やホテルなどが建ち並んだ。

ポーツマス条約によって日本は満州での利権も得ていた。ロシアが敷設した鉄道もそのひとつだ。**日本は南満州鉄道株式会社（満鉄）を設立すると、譲渡された鉄道を軸に、沿線の開発を始めた。**各地に都市、炭鉱、製鉄所などをつくり、利益を独占していく。また、やはりポーツマス条約で得た遼東半島の一部を「関東州《かんとうしゅう》」と定め、旅順《りょじゅん》や大連《だいれん》といった都市を満州支配の拠点とした。日本の大陸での権益は急速に広がっていったが、**満州進出を考えるアメリカとの対立も芽生える**ようになる。

中国では、日清戦争の敗戦や義和団事件で混乱の続く中、孫文《そんぶん》が清王朝からの漢民族の独立や、民主制を掲げて人々の支持を集めるようになる。1911年（明治44年）に武昌《ぶしょう》で起きた反乱をきっかけに、清に対する革命運動は中国全土へと波及。翌年、**皇帝・溥儀《ふぎ》が退位し、清は滅亡した**。そして**孫文を大統領とする中華民国が建国されたが、これはアジア初の共和国だった**。この一連の政変は、1911年の干支《えと》が「辛亥」だったことから、辛亥《しんがい》革命と呼ばれる。

Question
73
100

産業革命の中で様々な分野に出資し、政府にも影響力を持った一族による企業集団は？

【ヒント】

現在もこの集団の名前を冠する企業は多い。

A 財閥《ざいばつ》

三井《みつい》、住友《すみとも》、三菱《みつびし》といった財閥は明治時代に様々な事業に進出し、政府にとっても大きな存在になった。

明治政府が進めた殖産興業政策によって、1880年代に入ると製糸業や紡績《ぼうせき》業が大きな伸びを見せるようになる。各地に大規模な工場が建設され、**そこで生産される綿糸や生糸は日本を代表する輸出産品となった**。日露戦争後、日本は世界最大の生糸輸出国として成長。欧米が先行していた産業革命が、日本でも本格化していくことになる。

そのためのエネルギー源が石炭で、北海道や九州で多くの炭鉱が作られた。採掘された石炭は鉄鋼の生産にも使われ、**官営の八幡製鉄所《やはたせいてつじょ》などを中心に重工業も発展**。こうした生産や採掘の拠点を結ぶように、全国に鉄道網が張り巡らされていく。1901年(明治34年)には、青森から下関(山口)までが鉄道で結ばれた。

産業革命の中、三井や住友、三菱、安田といった企業は、運輸や鉱業、さらに貿易、金融など多くの分野に進出し、次第に大きな影響力を持つようになっていく。**経営を多角化させて「財閥」となり、政府と結びつき巨大化していった**。

Question
74
100

足尾銅山《あしおどうざん》の公害に対して立ち上がった政治家とは？

【ヒント】

地元栃木県の出身で、国会での演説や、専門家による調査を経て、明治天皇にまで直訴を試みた。

A 田中正造《たなかしょうぞう》

現在の足尾銅山は国の史跡に指定されていて一部で見学もできる。緑化運動も続けられている。

田中正造

急速な産業の発展はまた、歪みも生んでいた。工場や炭鉱では、低賃金で長時間にわたって働かされる人も多かった。**劣悪な労働条件を改善するため、労働組合が結成され、労働争議が多発するようにもなる。**

栃木県の足尾銅山《あしおどうざん》は国内銅生産の40%を占めるまでになったが、環境破壊も引き起こした。銅の採掘に伴って発生する有害物質が渡良瀬川《わたらせがわ》に流れ込み、**農作物や魚に大きな被害を与え、多数の死者を出したほか、鉱物による中毒や死産など健康被害も広がった。**栃木県の政治家・田中正造は銅山の操業停止や被害者救済を求めて運動を起こし、明治天皇に直訴も試みたが、これは日本で初めての公害事件ともいわれる。

また農村でも資本主義、商品経済が広がったことで、一部の地主は投資や農地の買い集めによってより豊かになったが、**貧しい小作農の中には都市部や工場に出稼ぎに出る人も増えた。**東京や大阪では劣悪な環境で暮らす労働者の多さが問題になる。そして国外に希望を求め、**ハワイや南米に移住する人々も現れた。**

7章

大正時代～第二次世界大戦

大戦の足音が迫る。
近代国家としての成熟を迎える一方、
世界各国が領土をめぐって争い、
日本もその渦に巻き込まれていく。

Question
75
100

オーストリアの皇太子が暗殺されたことで始まった戦争とは？

【ヒント】

暗殺された場所の名前から、
「サラエボ事件」と呼ばれる。

A 第一次世界大戦

どの国も徴兵や軍需工場での労働などで国民を総動員したが、そのため国民の権利意識が高まり、参政権拡大につながったともいわれる。

オーストリア皇太子暗殺の翌日、サラエボで起きた暴動の様子

20世紀初頭、ヨーロッパではドイツ・オーストリア・イタリアの「三国同盟《さんごくどうめい》」と、イギリス・フランス・ロシアの「三国協商《さんごくきょうしょう》」が植民地の権益などを巡って争うようになった。

対立が深まる中、**1914年（大正3年）にオーストリアの皇太子がセルビアの青年に暗殺される事件が発生**。するとオーストリアがセルビアに宣戦布告する。ドイツやオスマン帝国（トルコ）はオーストリア側に、イギリス・フランス・ロシアはセルビア側について参戦し、ここに**第一次世界大戦が勃発**した。

戦争には各国の植民地となっていた国々からも多くの人々が動員された。1917年（大正6年）にはアメリカも参戦、世界中が巻き込まれていく。また**産業革命によって生み出された戦車や飛行機、毒ガスなどの最新兵器が投入され、犠牲者は莫大な数に上った。**

Question
76
100

第一次世界大戦中、権益拡大を狙って日本が中国に突きつけた要求とは？

【ヒント】

要求の数がそのまま用語名となった。

A

二十一か条の要求

ヨーロッパ諸国の意識がアジアから離れているうちに、日本は中国で権益を拡大しようとした。

日本は日英同盟を根拠に、イギリス側についてドイツに宣戦。第一次世界大戦に参戦し、**中国・山東省《さんとんしょう》の青島《チンタオ》や太平洋の南洋諸島といったドイツの支配地域を占領した**。欧米列強がヨーロッパ戦線で手いっぱいなうちに、中国での権益拡大を狙ったのだ。

1915年（大正4年）、日本は中国に二十一か条の要求を突きつける。これは山東省にあったドイツの権益を日本が引き継ぐこと、旅順や大連、南満州鉄道の租借期間の延長などを求めるものだった。

明らかに中国の主権を侵害する内容だったが、日本は軍事力を背景にほとんどの要求を認めさせた。しかし中国では、これを機に反日運動が本格化していく。

一方でロシアでは、第一次世界大戦の長期化で生活が苦しくなった民衆が1917年（大正6年）に蜂起。各地にソビエトという自治組織がつくられ、皇帝は退位した。そして**レーニンたちが、世界で初めて社会主義を掲げたソビエト政府を樹立する**。これが**ロシア革命**だ。

Question
77
100

一般の人々の声を政治に反映させる「民本主義《みんぽんしゅぎ》」を唱えた政治学者とは？

【ヒント】

「大正デモクラシー」を牽引した人物である。

A

吉野作造《よしのさくぞう》

民本主義とは、主権は天皇にありつつも民衆の意見にもとづいた政治を行うべきという考え。主権が国民にある現在の民主主義とは異なる。

吉野作造（出典：国会図書館）

1912年（明治45年）、明治天皇が崩御《ほうぎょ》。新しい天皇が即位し、元号は大正《たいしょう》と変わる。政治の世界では桂《かつら》太郎《たろう》の内閣がつくられたが、中心となったのは長州や薩摩出身のいわゆる藩閥勢力で、たびたび議会を停会させ、無視する態度をとった。

これでは議会を尊重すると記された憲法にそぐわないとメディアや民衆の間で反発が巻き起こる。**藩閥ではなく、選挙によって選ばれた政党によって政治が行われるべきだと訴えた**のだ。この「**護憲《ごけん》運動**」の中心となったのは、立憲政友会《りっけんせいゆうかい》の尾崎行雄《おざきゆきお》や、立憲国民党《りっけんこくみんとう》の犬養毅《いぬかいつよし》といった各政党のリーダーたちだった。

また欧米では第一次世界大戦が総力戦となり国民の犠牲が大きかったことから、**デモクラシー＝民主主義を求める声が広がった**。日本では政治学者の吉野作造がデモクラシーを民本主義と訳し、政治に民意を反映させるべきだと主張。同調する声が社会に広がっていった。

Question 78 / 100

米の軍需を見込んだ商人による米の買い占めをきっかけに起きた騒動とは？

【ヒント】

用語としては読んで字のごとく。

A 米騒動《こめそうどう》

シベリア出兵以外にも、大戦の長期化を見込んでの買い占めだったともいわれている。

富山日報
立山山開きは今日
米は積ませぬ
魚津細民海岸に喧騒す
汽船空しく出帆
店を戸別歴訪し
輸入
血迷ひる
楼主

1918年（大正７年）７月25日の「富山日報」。魚津で起こった米騒動を知らせている。

第一次世界大戦の間は、戦場にならずに済んだ日本では好況が続いた。同盟していた三国協商側の連合国に対する工業製品の輸出が増大したからだ。

しかしこの「大戦景気」はインフレも招く。そしてロシア革命に干渉するため連合国とともに**日本もシベリアに出兵することが決まると、軍需をあてこんだ商人たちが米を買い占め、米価が上昇**。人々の生活は苦しくなり、全国各地で米屋が襲撃される米騒動が巻き起こった。

この混乱の責任を取って藩閥の寺内正毅《てらうちまさたけ》内閣が退陣。代わって、衆議院で最も議員が多い立憲政友会の**原 敬《はらたかし》が首相に指名された**。原は外務、陸軍、海軍以外の閣僚にすべて立憲政友会の党員をあてる。これが**日本初の本格的な政党内閣**となった。

こうして大正時代は一般大衆の声を政治に生かす、民主主義を求める動きが広がっていく。**大正デモクラシーのうねりだった**。

Question
79
100

女性の解放を目指して新婦人協会を設立した社会運動家とは？

【ヒント】

「元始、女性は実に太陽であった」という言葉を残した人として有名。

A 平塚《ひらつか》らいてう

かの有名な言葉は、平塚が発刊した文芸誌『青鞜《せいとう》』創刊号の冒頭に書かれた。女性解放宣言としていまに知られる。

平塚らいてう

大正デモクラシーは政治だけでなく、さまざまな分野に及んだ。そのひとつが**労働者による社会運動**だ。労働組合が賃金アップや労働時間の短縮といった待遇改善を求めてストライキを行うなど、労働争議がたびたび起こるようになる。

1920年（大正9年）には**日本で最初のメーデー**（労働者の権利を訴える祭典）が開かれた。農村でも、地主に対して農地の賃料の値下げなどを求める小作争議がさかんになった。

女性たちも活発に動きはじめた。**女性差別からの解放を目指して青鞜社《せいとうしゃ》を結成した平塚らいてうは、1920年に市川房枝《いちかわふさえ》たちと新婦人協会《しんふじんきょうかい》を設立**。女性の政治参加を求める運動を繰り広げた。

また部落差別に苦しむ人々は1922年（大正11年）に全国水平社《ぜんこくすいへいしゃ》を結成し、差別問題の解決に取り組んだ。北海道ではアイヌ民族も差別からの解放を訴えて、北海道アイヌ協会がつくられた。

Question 80 / 100

1925年に制定された満25歳以上の全ての男性に選挙権を与える法律とは？

【ヒント】

これの対義語として「制限選挙」がある。
実際は制限選挙の内容だった。

A 普通選挙法

財力による制限はなくなり有権者数は大きく増加したが、それでも年齢や性別による制限は残っていた。

大正時代になると、さまざまな人々が自らの権利を求めるようになっていったが、そんな声に押されるように選挙権も拡大された。

1925年（大正14年）、加藤高明《かとうたかあき》首相のもと普通選挙法が成立。これは満25歳以上のすべての男性に選挙権を与えるものだった。**納税額による制限が撤廃されたことで、有権者の人数はおよそ4倍に増加**。より広く政治に民意が反映されるようになったが、女性には依然として選挙権がなかった。

一方で普通選挙と同じ年に、**治安維持法《ちあんいじほう》**も成立する。これはロシア革命に影響を受けて、日本でも広がりつつあった共産主義を取り締まるものだった。しかしこの法律はやがて改正を重ね、社会運動全般のほか、国民の自由な言論を制限するものになっていく。

1929年、ニューヨーク株式市場の暴落から起きた世界的な経済危機とは？

【ヒント】

この危機への対策として、米英仏は自国と植民地の貿易を優先して他国を締め出す経済のブロック化を進めた。

A 世界恐慌《せかいきょうこう》

米英仏のブロック経済に対して日独伊など植民地の少ない国々は不満を持ち、対立要因となっていく。

世界恐慌初期、ニューヨーク・アメリカ連合銀行に集まった群衆

第一次世界大戦後の不況が長引いていた日本では、**1923年（大正12年）に関東大震災が発生**。10万人を超える犠牲者が出ただけでなく、経済も大きく傾いた。1927年（昭和2年）には中小の銀行の経営が悪化する中、人々が預金を引き出そうと銀行に押し寄せる。このため**多数の銀行が倒産する金融恐慌となった**。

その頃、好景気に沸いていたアメリカでも異変が起きる。第一次世界大戦のダメージが大きかったヨーロッパの復興が進み、また中国やインドなどで生産が伸びると、アメリカの工業製品の需要は落ち込んでいったのだ。

そして1929年（昭和4年）、ニューヨークの株式市場で株価が大暴落。アメリカ経済のみならず、アメリカに依存していた国々にも波及し、**世界恐慌に陥った**。

これが日本にも波及。都市部では失業者が急増、農作物が値下がりして農村も困窮した。さらに北海道と東北地方では冷害のため凶作となり、飢饉が発生する。この昭和恐慌によって社会不安が増す中、**政党と財閥や軍部が癒着して汚職を行うなど、政治不信も広がった**。

Question 82 / 100

世界恐慌の中でヨーロッパで台頭した、民族や国家を重んじる考え方とは？

【ヒント】

個人主義の対義語。

A

ファシズム（全体主義）

ナチス・ドイツやイタリアのファシスト党、そして日本の大政翼賛会《たいせいよくさんかい》もこのグループに含まれる。

ベニート・ムッソリーニ

アドルフ・ヒトラー

世界恐慌による不況の中、ヨーロッパではファシズムが台頭する。**個人よりも民族や国家を重んじる「全体主義」のことだ。**

ドイツでは**ヒトラーを党首とするナチス**（国民社会主義ドイツ労働者党）が、ドイツ人の優秀性や民主主義の否定を訴えて支持を伸ばした。ヒトラーは1933年（昭和8年）に首相になると、ほかの政党を解散させて独裁を始める。国際連盟から脱退し、軍備の増強を進め、またユダヤ人に対する迫害も行った。

イタリアでは**ムッソリーニのファシスト党**が1922年（大正11年）から独裁政治を行っていたが、世界恐慌の影響で経済が落ち込むと、植民地を得るためエチオピアを軍事力によって併合。またスペインでもファシズムは広がった。

これらファシズムの国々と、民主主義の国との間で対立が深まっていく。

Question 83 / 100

南満州鉄道爆破事件を機に、日本軍が満州全土を占領した事件とは？

【ヒント】

満州をめぐって中国との対立が深まった。

A 満州事変《まんしゅうじへん》

日本国内では、新聞のキャンペーンもあり、多くの国民が満州侵略と軍の強硬姿勢を支持した。

柳条湖事件直後の現場

中国では孫文の死後、国民党のトップに**蒋介石《しょうかいせき》**が就任。南京《なんきん》に政府をつくり、国内の統一を進める中で、中国にある日本の権益を取り返すべきだという意見が強まっていく。これに危機感を持ったのは日本の軍部だ。**1931年（昭和6年）に南満州鉄道が爆破されると（柳条湖《りゅうじょうこ》事件）、中国の攻撃とみなし軍事行動を開始**。満州全域を占領した。これを満州事変と呼ぶが、鉄道爆破は日本軍の自作自演だったことが後に判明する。

事件を捏造《ねつぞう》して、それを口実に占領地域を広げた日本軍は、ここに**「満州国《まんしゅうこく》」を建国**。清の最後の皇帝・溥儀を元首に立てたものの、政治や経済の実権すべてを日本人が握る、日本の傀儡《かいらい》国家だった。満州国には、昭和恐慌で生活苦にあえぐ日本人が続々と移民していく。

中国はこれを軍事侵略だとして国際社会に訴えた。国際連盟は中国の求めを受けて現地調査を行った結果、満州を国として承認せず、日本軍の撤退を勧告。しかし**日本は受け入れず、1933年に国際連盟を脱退した**。こうして日本は国際社会から孤立していくことになる。

1936年、陸軍の青年将校が起こしたクーデターとは？

【ヒント】

クーデター決行の日付が事件名になっている。
大雪が残る中での犯行だったという。

A

二《に》・二《に》六《ろく》事件

凶行に及んだのは、陸軍の中でも「皇道派」と呼ばれるテロリズム的性格の強い派閥だった。

二・二六事件で日劇前の警備にあたる鎮圧部隊
（提供：朝日新聞社）

満州事変以降、日本国内では軍部の力が増していく。

１９３２年（昭和７年）５月15日には、海軍の青年将校たちが満州国の承認に反対していた犬養毅《いぬかいつよし》首相を殺害。軍部による政権奪取が目的だった。この**五《ご》・一《いち》五《ご》事件**は実行犯が検挙され計画は実現しなかったが、政治家は軍部を恐れるようになる。**以降、政党の代表ではなく軍人が首相になることが多くなった**。政党政治は終わり、軍事政権の国家へと変わっていったのだ。

さらに国際連盟脱退後の１９３６年（昭和11年）２月26日には、陸軍の青年将校が天皇中心の国をつくり荒れる国政を立て直そうと、兵士１４００人と蜂起。高橋是清《たかはしこれきよ》大蔵大臣らを殺害し、国会議事堂や首相官邸などを占拠した。クーデターは制圧され未遂に終わったが、**この二・二六事件以降、軍はさらに政治に介入するようになり、日本は軍国主義に傾倒していく**。

Question
85
100

1937年、中国の盧溝橋《ろこうきょう》での衝突から発展した戦争とは？

【ヒント】

この戦争を機に、
日本は長く続く戦争の時代となる。

A 日中《にっちゅう》戦争

盧溝橋での衝突は偶発的なものであり、首相の近衛《このえ》文麿《ふみまろ》は当初、戦線を拡大しない方針だった。

現在の中国・盧溝橋（©Fanghong）

満州国を建国した日本は、さらに中国北部にも進軍。1937年（昭和12年）には北京《ペキン》郊外の盧溝橋《ろこうきょう》で両軍の武力衝突が起きたことをきっかけに、日中は全面戦争に突入する。

中国はその頃、蔣介石の国民党《こくみんとう》と、毛沢東《もうたくとう》の共産党が対立、内戦状態にあったが、**両者は抗日民族統一戦線を結成し、日本と戦うために手を結んだ**。

戦争が激しくなる中、日本軍は上海《シャンハイ》を占領し、さらに当時の首都・南京《なんきん》に侵攻。このとき民間人を含む多数の中国人を虐殺する事件も起きた。なお、この南京事件についてはいまも調査が行われており、被害者の数などは確定していない。

中国はアメリカやイギリス、ソ連の支援を受けつつ首都を漢口《かんこう》から重慶《じゅうけい》へと移し、抗戦を続ける。日中戦争は次第に長期化していった。

Question
86
100

1938年に制定された、戦争のために国民生活や経済を統制する法律とは？

【ヒント】

国家一丸となって戦争を戦うべく
制定された法律である。

A 国家《こっか》総動員法《そうどういんほう》

国民の労働力や経済力、物資など、すべての国力を戦争に集中させるための法律で、第二次世界大戦の終結まで存続した。

国家総動員法を制定した第一次近衛内閣。前列右から２人目が近衛文麿首相。

日本国内では戦時体制が整えられていく。１９３８年（昭和13年）に近衛《このえ》文麿《ふみまろ》内閣が国家総動員法を制定。これにより**政府は、議会の承認を得ることなく、戦争に必要な労働力や資源を運用できるようになった**。政党は解散となり、大政翼賛会《たいせいよくさんかい》という政治組織に組み込まれた。

国民のすべてもこの大政翼賛会の傘下となり、日本人の生活は大きく変わっていった。工場は軍事物資の生産が優先され、多くの人が動員された。そのため生活必需品が不足。米や砂糖、マッチ、衣服などは自由に買うことができず、**配給制**となった。

新聞や雑誌、ラジオなどの**メディアも統制下に置かれ**て正しい情報が届かなくなる。言論や表現の自由もなくなり、軍や政府、戦争を否定する人間は取り締まられた。学校でも軍国主義教育が行われるようになった。

植民地の朝鮮や台湾では、**皇民化《こうみんか》政策**が進められた。日本語の使用や神社への参拝、日本式の名前を強制し、現地の文化を否定するものだった。現地の人々も戦争に駆り出されていく。日本は独裁的な軍事国家となった。

Question
87
100

１９３９年、ドイツのポーランド侵攻から始まった戦争とは？

【ヒント】

民間人にも多数の犠牲を出した
大きな戦争の始まりだった。

A
第二次世界大戦

日独伊を中心とする枢軸国と米英仏中ソなどの連合国との間で、約6年にわたり戦闘状態が続いた。

1939年9月、ポーランドの国境検閲所を破壊するドイツ軍。

ヒトラーのナチス・ドイツは軍事力によって領土の拡大を強引に進め、オーストリアやチェコスロバキアの一部を併合。さらに1939年（昭和14年）には対立していたはずのソ連と独ソ不可侵条約を結ぶ。**ドイツはこの条約によってソ連の介入を防いでから、ポーランドへと侵攻した**。イギリスとフランスはポーランドと相互援助条約を結んでいたため、ドイツに宣戦布告。ここに**第二次世界大戦が始まった**。

ドイツは北欧やオランダを占領した後にフランスを降伏させ、さらにバルカン半島にも進撃。イタリアもドイツについで参戦した。

さらにドイツは1941年（昭和16年）に、独ソ不可侵条約を破ってソ連に攻め込む。ヨーロッパ全域が戦場となっていく中、ドイツは敵視していたユダヤ人をアウシュビッツなどの強制収容所に送り、数百万人を殺害したといわれる。

Question
88
100

東南アジアへ侵攻した日本に対して、アメリカ・イギリス・オランダ・中国が行った経済制裁とは？

【ヒント】

4国の頭文字をとった名称になっている。

A

ABCD包囲網

当時の日本は石油のおよそ8割、鉄のおよそ7割をアメリカからの輸入に頼っており、禁輸は大きな痛手だった。

1940年、フランス領インドシナへ進軍する日本兵。

第二次世界大戦はアジアにも波及した。

1940年（昭和15年）、日本はフランス領インドシナに侵攻。これはドイツとの戦争で手一杯のイギリスとフランスの植民地である**東南アジアに攻め込んで、石油などの天然資源を奪うためだった。**

加えてアメリカやイギリスが東南アジアから中国に走らせていた補給路を断ち、長期化する日中戦争を打開する意味もあった。

続けてドイツやイタリアと**日独伊三国同盟**を結んだ日本に対し、**アメリカは石油や鉄などの輸出をストップさせ、これにイギリスとオランダも同調**。さらに日中戦争を戦う中国も含めた4か国の頭文字から**ABCD包囲網**と呼ばれた国際的な経済制裁によって日本は追い詰められていく。

交渉の席でアメリカは日本に中国と東南アジアからの撤退を求めたが、日本は応じなかった。そして東条《とうじょう》英機《ひでき》内閣は、アメリカとの戦争を決定する。

1941年、日本の真珠湾《しんじゅわん》攻撃から始まった戦争とは？

【ヒント】

戦争の主な舞台となった場所にちなんだ名称となっている。

A

太平洋戦争《たいへいようせんそう》

当時は「大東亜《だいとうあ》戦争」と呼ばれた。はじめこそ快進撃を繰り広げたものの、次第に日本は劣勢に立たされた。

真珠湾攻撃にて、攻撃を受け炎上するアメリカの戦艦アリゾナ。

1941年（昭和16年）12月8日。日本はアメリカの海軍基地がある**オアフ島に奇襲攻撃を仕掛けた（真珠湾攻撃）**。同時に東南アジアではイギリスが支配するマレー半島に上陸。太平洋戦争が始まった。日本と同盟を結んでいたドイツとイタリアもアメリカと戦争状態に入り、第二次世界大戦の戦火は大きく拡大していった。

日本軍は開戦当初、東南アジアや太平洋の島々で戦勝を重ね、占領地を広げた。しかし**ミッドウェー沖、さらにガダルカナル島と敗戦が続くと、次第に劣勢になる**。だが政府が情報統制を敷いたため、国民に正しい情報は伝えられなかった。

戦局の悪化・長期化にともない、国内では一般国民が戦争に動員されるようになった。中学生や女学生が軍需工場で働かされ、また大学生が徴兵される「学徒《がくと》出陣《しゅつじん》」も増えていく。こうした戦時動員は植民地や占領地でも行われた。たくさんの朝鮮人や中国人が日本に連行され、鉱山や工場などで過酷な労働に従事させられた。東南アジアでも現地の人々に強制労働を課した。

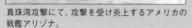

Question
90
100

１９４５年、アメリカなどの連合国が日本に無条件降伏を求めた宣言とは？

【ヒント】

1945年8月14日の御前会議でこれを受諾、翌15日に国民に知らされた。

A

ポツダム宣言

宣言には日本の無条件降伏のほか、すべての植民地や占領地を手放し、民主主義国家となることなどが盛り込まれていた。

1944年（昭和19年）7月、アメリカは占領したサイパン島を拠点に日本本土への空爆を始める。**日本各地の都市や工場が爆撃され、犠牲者は増えていった**。

一方、ヨーロッパではソ連がドイツを打ち破り、またイタリアが米英軍の前に降伏。さらに1945年4月、ヒトラーが自決し、ドイツも降伏。ヨーロッパでの戦争は終結した。

日本では3月に東京に大規模な空爆が行われ、およそ10万人が死亡。さらに6月には米軍が沖縄に上陸し、多数の民間人が巻き込まれて12万人が命を落とした。そして8月6日に広島、9日に長崎に原子爆弾が投下され、30万人を超える死者を出した後に、**日本は無条件降伏を求めるポツダム宣言を受け入れた**。

こうして、国内外に大きな犠牲を強いた第二次世界大戦が終わった。

8章

戦後の日本

戦後の出来事はいまや教科書にも
記される「歴史」となったが、
決して過去のものではないはずだ。
現代を生きる私たちにとっても重要な
約80年間を振り返っていこう。

敗戦後の日本を占領した連《れん》合《ごう》国《こく》軍《ぐん》総《そう》司《し》令《れい》部《ぶ}（GHQ）の最高司令官とは？

【ヒント】

軍服にサングラス、パイプが印象的で、
昭和天皇と写った写真が有名。

A ダグラス・マッカーサー

GHQの占領開始当初、マッカーサーは新しい価値観をもたらす存在として日本国民に絶大な人気となった。

マッカーサー（左）と昭和天皇（右）

戦争に敗れた日本は植民地や占領地をすべて失い、また北方領土はソ連に支配された。そしてアメリカをはじめとする連合国の占領下に置かれたが、その中心となった機関が連合国軍総司令部《れんごうこくぐんそうしれいぶ》（GHQ）だ。

GHQは最高司令官マッカーサーのもと、日本の民主主義化を進めた。**軍隊を解散**させ、極東国際軍事裁判を開いて、戦争に責任があったとする政治家や軍人を裁いた。

さらに治安維持法を廃止し、政党の自由な活動を認め、**20歳以上の男子に限られていた選挙権を満20歳以上の男女に与えた**。また産業界を独占してきた財閥を解体し、経済の面でも民主化を進めていく。農村では地主の持つ土地を政府が買い上げ、小作人に安く販売。この**農地改革**《のうちかいかく》によって、自分たちの土地を持つ農民（自作農）が増えた。

昭和天皇はGHQの意を受けて「人間宣言《にんげんせんげん》」を発表し、天皇は神の子孫ではないと、戦時中の思想を否定した。

Question
92
100

1947年に施行された日本の新しい憲法とは？

【ヒント】

5月3日はこの憲法が施行された祝日。

A

日本国憲法《にほんこくけんぽう》

大日本帝国憲法との違いでもあり、この憲法の大きな特徴が、本文で紹介する「三つの基本原則」である。

1946年（昭和21年）11月3日には、GHQが草案をつくった日本国憲法が公布され、翌年5月3日から施行された。この憲法の柱となったのは、**国民主権、基本的人権の尊重、そして戦争を放棄する平和主義という3つの考え**だ。大日本帝国憲法下では主権を持っていた天皇は、国の象徴と改められた。国の最高機関は国会となり、その国会に対して内閣が責任を負う、**議員内閣制**《ぎいんないかくせい》という政治システムが導入された。

また教育勅語《きょういくちょくご》は廃止となり、教育基本法が定められ、民主主義の考えを育む基礎となった。

こうした制度が整う一方で、敗戦直後の日本はまさに焼け野原だった。食料も家も仕事もない人々が街にあふれ、**物資不足によるインフレのため物価だけが急激に上昇した**。非合法の闇市《やみいち》が立ち、戦争で親を亡くして行き場のない孤児もたくさんいた。

それでも、戦争中の厳しい統制から解放され、自由な空気がみなぎっていた。海外の戦地などにいた人々や軍人も帰国し、焼け跡の中から日本の復興が始まった。

Question 93/100

戦後に見られた資本主義の西側諸国と社会主義の東側諸国の対立とは？

【ヒント】

戦闘を行わない特殊な戦争である。

A 冷《つめ》たい戦争《せんそう》（冷戦《れいせん》）

東西冷戦はアメリカとソ連の対立でありながら直接の戦闘はなく、世界各地で代理戦争が行われた。

1945年、ヤルタ会談における英・チャーチル（左）と米・ルーズベルト（中）とソ連・スターリン（右）。この会議が「冷戦のはじまり」とも称される。

第二次世界大戦に勝利を収めたアメリカはじめ連合国は、平和と安全のために**国際連合《こくさいれんごう》（国連）**をつくった。その中核となる安全保障理事会の常任理事国にはアメリカ、ソ連、イギリス、フランス、中国がつく。

しかし戦後の世界は、**アメリカを中心とする資本主義の国々（西側）と、ソ連を中心とする社会主義の国々（東側）に分かれ、敵対するようになった。**敗戦国のドイツの処遇でも対立し、東ドイツと西ドイツに分裂して独立した。また西側は北大西洋条約機構《きたたいせいようじょうやくきこう》（ＮＡＴＯ）、東側はワルシャワ条約機構とそれぞれ軍事同盟をつくり、緊張が高まったが、実際に戦闘が行われていることはなかったため**「冷たい戦争（冷戦）」**と呼ばれた。

中国では１９４９年（昭和24年）に毛沢東の共産党が中華人民共和国《ちゅうかじんみんきょうわこく》を樹立。朝鮮半島では北緯38度線を境界として、南半分をアメリカ、北半分をソ連が分割占領し、南が大韓民国《だいかんみんこく》（韓国）、北が朝鮮民主主義人民《ちょうせんみんしゅしゅぎじんみん》共和国《きょうわこく》（北朝鮮）として独立した。

Question
94
100

1951年に日本が連合国と結んで独立を回復した条約とは？

【ヒント】

条約締結を行ったのは
アメリカのとある都市。

A

サンフランシスコ平和条約

条約が締結され、独立回復した後も、沖縄や小笠原諸島はアメリカの統治下に置かれた。

サンフランシスコ平和条約に調印する吉田茂首相

南北に分かれて独立した朝鮮半島だが、１９５０年（昭和25年）に北朝鮮が韓国に侵攻し、朝鮮戦争《ちょうせんせんそう》が始まった。**出撃する米軍の後方基地となった日本では、軍需物資の生産によって好景気となった**。また、日本を自立させて西側の同盟国にしたいアメリカの思惑もあり、日本は国際社会への復帰を試みていく。

１９５１年（昭和26年）、吉田茂《よしだしげる》内閣は**アメリカなど西側の国を中心とした48か国と講和し、サンフランシスコ平和条約を結んだ**。日本は独立を回復し、国連にも加わって国際社会に復帰したが、東側諸国や、日本が占領したアジア諸国とは講和することができなかった。また**日米安保条約《にちべいあんぽじょうやく》**が結ばれ、ＧＨＱの占領が終わったあとも引き続き米軍が駐留することになった。

独立回復後の１９５５年（昭和30年）、保守政党が集まって自由民主党《じゆうみんしゅとう》（自民党）を結成。一方、革新勢力も日本社会党に統一された。以降、**自民党は社会党などの野党と対立しながら、政権を運営していく**。55年体制の始まりだった。

Question
95
100

1972年に日本に返還された地域は？

【ヒント】

この地域には現在も米軍が駐屯している。

A

沖縄

返還されるまでは道路交通法もアメリカに従い右側通行だったが、返還後に本土と同様に左側通行に変わった。

日本への完全復帰を求める沖縄の人々の行進
（提供：朝日新聞社）

東西冷戦はアジアにも大きな影響を与えた。第二次世界大戦後のベトナムは独立を宣言するが、これを認めない宗主国《そうしゅこく》のフランスがベトナム南部に異なる国をつくり南北が分裂。**北ベトナムはソ連や中国が、南ベトナムはアメリカがそれぞれ支援し、対立が深まった**。１９６５年（昭和40年）、アメリカが北ベトナムを爆撃したことからベトナム戦争が勃発。民間人を含む膨大な犠牲者が出たことで、世界中に反戦運動が広がった。

ベトナム爆撃の拠点となった基地のひとつは、まだアメリカ統治下の沖縄にあった。そのため**沖縄の本土復帰運動と、ベトナム戦争に反対する運動が連動し、盛り上がりを見せていく**。そして１９７２年（昭和47年）に、沖縄は日本に返還された。しかし日米安保条約のもと、米軍基地の多くはいまもそのまま残されており、返還の際に採択された「非核三原則《ひかくさんげんそく》」を米軍が尊重しているかどうかはわからない。

ベトナム戦争は南ベトナムが敗れ、１９７６年（昭和51年）にベトナム社会主義共和国として統一を果たした。

Question

96

100

１９７２年に中国との国交を正常化させた首相とは？

【ヒント】

「日本列島改造論」を政策として打ち出し、国内交通網の整備にも力を注いだ人物。

A

田中角栄《たなかかくえい》

日本は中華人民共和国が中国ただひとつの政府と認め関係が正常化したが、台湾の中華民国とは国交を絶った。

田中角栄

サンフランシスコ平和条約を結んだ日本は、東側やアジア諸国との関係改善も進めていく。1956年（昭和31年）に**日ソ共同宣言のもとソ連との国交が回復**。1965年（昭和40年）には日韓基本条約を結び、韓国との国交が正常化した。しかし、北朝鮮との国交は現在も行われていない。

そして1972年（昭和47年）、アメリカ・ニクソン大統領に続いて、田中角栄首相は中国を訪問。**日中共同声明に調印し、国交が正常化された**。

その背景には、中国とソ連との社会主義や領土をめぐる対立があったといわれる。ソ連と敵対する中国にアメリカが接近し関係を改善、アメリカの同盟国である日本もそれにならったという、冷戦下の外交戦略だ。1978年（昭和53年）には日中平和友好条約も結ばれ、両国は政治・経済での関係を深めていく。

Question
97
100

1960年に池田内閣が提唱した国民生活向上のための政策とは？

【ヒント】

経済に力を入れ、国民の所得を増やすことを政策に掲げた。

A 所得倍増計画

10年で国民総生産（GNP）を倍の26兆円に増やすというものだったが、国民総生産は6年、国民所得は7年で倍増を達成した。

初の東海道新幹線「0系」

戦争で壊滅した日本経済は、わずか10年ほどで戦前の状態にまで回復。「もはや戦後ではない」という言葉が流行語になった。1960年（昭和35年）には池田勇人《はやと》内閣が「所得倍増計画」を掲げ、さらに経済に力を入れた。とくに重化学工業が発展し、**沿岸地域に石油化学コンビナートが建設され、地域産業の中核となった**。また1964年（昭和39年）には東京オリンピックが開催され、これに合わせて東海道新幹線や高速道路が開通するなど、全国で**交通インフラの整備**も進められた。

1968年（昭和43年）、日本の国民総生産（GNP）は資本主義国の中ではアメリカに次ぐ2位へと躍進。この**高度経済成長**の中、国民の生活は大きく向上した。テレビや冷蔵庫、洗濯機といった家電製品や、自動車も一般家庭に普及していく。

しかし一方で、工場などから出る廃棄物や排水による公害も広がり、各地で健康被害を引き起こした。熊本や鹿児島、新潟の水俣病《みなまた》、三重県四日市《よっかいち》のぜんそく、富山県のイタイイタイ病はとりわけ大きな被害となった。

Question
98
100

1973年、第4次中東戦争の影響で石油の価格が急騰した事件とは?

【ヒント】

漢字では「石油危機」と表記する。

A オイルショック

日本国内も混乱し、直接関係のないはずのトイレットペーパーや洗剤を買い占めるといった騒動になった。

1973年、トイレットペーパーの買いだめをする人々（提供：共同通信社）

1973年（昭和48年）、第4次中東戦争が起きた影響で石油の価格が急上昇した。**石油をエネルギー源として依存していた経済主要国は不況となる**。このオイルショック（石油危機）は日本も襲い、高度経済成長はストップした。

しかし日本は省エネルギー（省エネ）への取り組みや経営合理化などによって不況から脱し、**その後はコンピュータ関連や自動車などの輸出産業が大きく伸びていく**。

オイルショックのような世界的問題に対処するため、1975年（昭和50年）にフランスで**第1回の先進国首脳会議（サミット）**が開かれた。米、英、仏、伊、そして西ドイツ（当時）とともにこの一員となった日本は、名実ともに先進国の仲間入りを果たした。

日本は経済大国となっていくが、大幅な貿易黒字は不公正だと国際社会から批判を浴び、とくにアメリカとの間では貿易摩擦も起きた。

Question
99
100

1989年に崩壊した東西冷戦の象徴ともいえるものは？

【ヒント】

ドイツの首都・ベルリンに存在した。

A

ベルリンの壁

1961年(昭和36年)8月に建造されてから1989年11月9日に壊されるまでの28年間、ドイツを東西に分断していた。

ベルリンの壁崩壊で、壁によじ登る市民
(提供：共同通信社)

1980年代後半から、東ヨーロッパ諸国では民主化を求める人々の声が大きくなった。

1989年(平成元年)には東西ドイツ分断の象徴だったベルリンの壁が崩壊。ドイツは統一された。さらにソ連は停滞した経済の立て直しができず、政治の混乱も続き、**1991年(平成3年)に解体**。ロシアやウクライナなどの国々に分かれた。ここに東西冷戦は終結、**世界のグローバル化(一体化)が進んだ**。

国家を越えて経済活動が行われ、人の流れがさかんになり、情報が飛びかうようになり、その中で国連をはじめとした国際組織の協調も活発になった。またヨーロッパ連合(EU)など地域で経済や政治の統合を目指す動きも広がった。

しかし民族や宗教の対立による地域紛争はいまも収まっていない。これを解決するために国連は**平和維持活動(PKO)**を世界各地に展開。日本も自衛隊が参加し、国際社会に貢献している。

Question
100

1980年代後半、巨額の投資によって株や不動産が不自然に高騰した現象とは？

【ヒント】

実体のないまま膨らみ、
急激にはじけたことから名付けられた。

A
バブル経済

バブルとは「泡」を指す。モノを生産することなく投資によって地価や株価だけが実体経済以上に値上がりし、やがて崩壊した。

活況を見せる1988年12月28日の東京証券取引所。翌1989年12月29日には史上最高値の3万8915円を付けた（提供：共同通信社）

経済発展の続く日本では、1980年代に**貿易黒字などで膨らんだ巨額の資金を投資する企業が増えたことで、不動産や株価が不自然に上昇した**。これはバブル経済と呼ばれ、その名の通り1991年（平成3年）になると泡のようにしぼんではじけ、崩壊。以降の日本は長い不況が続いている。国民の間の経済格差の広がりや、少子高齢化による労働力不足も大きな問題だ。

政治の分野では、1993年（平成5年）に非自民連立政権が誕生。**「55年体制」が終わった**。その後、自民党はすぐに政権に復帰するが、2009年（平成21年）の総選挙では民主党が圧勝。政権交代が起きた。しかし2012年（平成24年）の総選挙は自民党が勝利し、現在に至っている。

また、1995年（平成7年）に阪神・淡路大震災が、2011年（平成23年）には東日本大震災が起きるなど、相次ぐ天災によって大きな被害を受けた。

しかし日本の歴史は、古代から困難の連続だった。その長い歩みの中にこそ、きっと未来へのヒントがある。

参考文献

『新編　新しい歴史』東京書籍
『中学社会　歴史　未来をひらく』教育出版
『社会科　中学生の歴史　日本の歩みと世界の動き』帝国書院
『小学社会6』教育出版
『小学社会6年』日本文教出版
『教科書ガイド　新しい社会　歴史』あすとろ出版

【著者略歴】
火田博文（ひだ・ひろふみ）
元週刊誌記者。日本の風習・奇習・オカルトから、アジア諸国の怪談・風俗・妖怪など、あやしいものにはなんでも飛びつくライター＆編集者。東京を歩きながら寺社を巡り酒場をハシゴする日々を送る。
著書に『本当は怖い日本のしきたり』『日本人が知らない　神社の秘密』『日本人が知らない　神事と神道の秘密』『本当は怖ろしい漢字』『日本のしきたりがよくわかる本』『地名から読み解く日本列島』（いずれも彩図社）がある。

わからないと恥ずかしい
小中学校で習った日本史

2022年3月18日　第一刷

著　者　　火田博文

発行人　　山田有司

発行所　　株式会社　彩図社
東京都豊島区南大塚 3-24-4
ＭＴビル　〒170-0005
TEL：03-5985-8213　FAX03-5985-8224

印刷所　　シナノ印刷株式会社

URL：https://www.saiz.co.jp
https://twitter.com/saiz_sha

　ISBN978-4-8013-0587-8 C0021